# 国学要义讲稿

## LECTURES ON THE ESSENTIALS OF CHINESE CLASSICS

**主编**

王治洋

**编撰委员会**

徐友倞　于慧　王姝　林久青　郝鑫

南京大学出版社

**图书在版编目(CIP)数据**

国学要义讲稿 / 王治洋主编. -- 南京 : 南京大学
出版社，2025.7. -- ISBN 978 - 7 - 305 - 29477 - 8

Ⅰ. K203

中国国家版本馆 CIP 数据核字第 2025RY3227 号

出版发行　南京大学出版社
社　　址　南京市汉口路 22 号　　　　邮　　编　210093
书　　名　**国学要义讲稿**
　　　　　GUOXUE YAOYI JIANGGAO
主　　编　王治洋
封面题签　徐兴无
责任编辑　高　军

照　　排　南京开卷文化传媒有限公司
印　　刷　南京凯德印刷有限公司
开　　本　787 mm×960 mm　1/16　印张 14.25　字数 196 千
版　　次　2025 年 7 月第 1 版　2025 年 7 月第 1 次印刷
ISBN 978 - 7 - 305 - 29477 - 8
定　　价　48.00 元

网　　址：http://www.njupco.com
官方微博：http://weibo.com/njupco
官方微信号：njupress
销售咨询热线：(025)83594756

# 前　言

　　2022年春,我们江苏科技大学人文社科学院面向全校开设"国学通论"通识课,既是回应"把马克思主义基本原理同中华优秀传统文化相结合"的时代要求,也是践行我们"笃学明德,经世致用"校训、提升学生人文素养与爱国情怀的教学主旨。

　　习近平总书记在党的二十大报告中指出:

　　　　只有把马克思主义基本原理同中国具体实际相结合、同中华优秀传统文化相结合,坚持运用辩证唯物主义和历史唯物主义,才能正确回答时代和实践提出的重大问题,才能始终保持马克思主义的蓬勃生机和旺盛活力。

　　对于"第二个结合"的具体方针,"必须坚定历史自信、文化自信,坚持古为今用、推陈出新,把马克思主义思想精髓同中华优秀传统文化精华贯通起来、同人民群众日用而不觉的共同价值观念融通起来,不断赋予科学理论鲜明的中国特色,不断夯实马克思主义中国化时代化的历史基础和群众基础",其中特别强调**"天下为公、民为邦本、为政以德、革故鼎新、任人唯贤、天人合一、自强不息、厚德载物、讲信修睦、亲仁善邻"**十个体现中国人民宇宙观、天下观、社会观、道德观的词语,同社会主义核心价值观具有高度契合性。

　　"两个结合"的提出具有重大意义,这是党在百年来的发展经验中凝聚出的心得：必须以"我们"为主体，既与当下（中国具体实际）对话，也要与过去（中华优秀传统文化）对话——因为我们的思维、言行乃至创造力无不受到"集体记忆"的影响。纵观国学几千年来的发展，我们以自家学术为主体，接受并消化外来的学术与文化，将之融会贯通至我们自洽的逻辑与义理体系之中，佛学即是很好的例子。鸦片战争以降，多少仁人志士为救亡图存而艰辛地摸索前行的道路，我们曾"师夷长技"，曾高举"德先生"与"赛先生"的旗号去"打倒孔家店"……我们绝不能忽略或忘记，我们是一个历史悠久的农耕大国，农民曾一度占人口绝大比重，由此形成的以宗法制为核心的从家到国的社会结构与亲仁孝悌、德政民本等价值观，正是我们的国情。唯有立足于此，运用马克思主义理论辩证地学习、继承我们的传统，才能创发出具有中国风格、中国气派的学术与文化。

我们江科大有很多专业与传统学术文化息息相关，如船舶、海洋、蚕桑、土木、粮食等学科，无一不在人类文明的长河中取得了璀璨的成果。今天我们倡导"现代化""科学"，以此为"真理"的代言词，但我们是否审视过这些词的来源？它们是欧洲在工业革命以后出现的社会形态与价值取向，这固然是当下我们建设、发展学科的旨归，但如果我们对它们进来之前本土学术思想的要义、发展了解甚少，如果对传统学术与文化的本质、精髓一无所知——我们当代学术的根基何在？在融入世界潮流、与之展开对话的过程中，唯有我们能说的声音何在？尤其在"科学"作为双刃剑的种种弊端逐渐浮出水面的当下，我们是不是可以从中国古典学术中汲取营养，为当今纷纷扰扰的时代困惑提供借鉴乃至答案？从这个层面而言，我们这本教材，不仅是写给江科大的同学，也是写给身处国内诸高校、中学的你，写给对中国古典学术与传统文化感兴趣的你——正是你，你们，形成了"我们"。

我们从 2021 年开始筹备这门课，2022 年制定教学纲要、逐步向全校开展课程，与此同时，我们也开始准备这本教材。在这近五年中，我们人文教研室全体同仁各自研习，在教学实践中积累经验；又多次在办公室交流讨论，集思广益。如此，教材得以撰写而成。我们考察了当前市面上流行的国学专著，从编撰体式的角度来看，要有两种：

一是以专题的形式展开论述，如曹胜高《国学通论》，分以经、史、子、集、佛、道、艺术、小学、书画、天文历法等版块；又如莫砺锋老师主编、徐兴无师副主编《国学文选》，分以孝悌、仁政、家国、学问、性命、儒学、佛道等十二个主题。如此编撰的优点在于包涵面广、论述集中深入，展现出国学的价值与意义。二是以"史"的脉络梳理国学的形成、发展，通史如钱穆先生《国学概论》，专论如皮锡瑞《经学历史》、汤用彤《汉魏两晋南北朝佛教史》、陈来《宋明理学》等。如此编撰的优点在于使大家清晰地了解国学思想在历史长河中的发展、变化，不同学术（如儒、道、释）之间的相互影响。

两种编撰体式各占胜场，我们的教材该依循哪一种？就像孙悟空给猪八戒派活儿，八戒说："看师父是坐，巡山去是走。终不然教我坐一会又走，走一会又坐，两处怎么顾盼得来？"我们还是要回到我们课程的具体情况：**通识课，32 学时**。"通识"规定了我们这门课的内容不宜艰深，一周两学时的课时量决定了我们能讲的内容有限。我们这本教材的编撰理念旨在：①面向初入学途的同学或普通读者；②大致了解国学的发展脉络；③大致明白国学中的重要概念、思想；④最好精读一点国学经典文本，形成自家的感受或思考。因此，我们的目标有限而具体：讲授内容以狭义的"国学"为限，以"史"的脉络为纲，每个章节阐述国学某个发展阶段的**要义**，解读一些文本，讲点故事。每讲之前推荐研习书目，之后介绍几部重要原典或论著，为学有余力、有意深入研习的同学提供循序渐进的门径。

必须说，"要义"固然胜在驾繁就简，帮助大家快速、简易地把握"国学"的发展脉络、重要概念；但也会遮蔽国学的全貌——有点像扬州学派焦循提出的文学"一代有一代之所胜"（汉赋、唐诗、宋词、元曲等），仿佛每个时段都只有一种主旋律：比如我们讲"汉唐经学"，就无法面面俱到地展现当时史学、子学与文学方面的卓越成就；我们在"宋明理学"一讲中概说了几位理学家，仿佛当时学人们脑袋里只有一"理"；又如"清代考据"，难道宋明学人在考据方面毫无建树吗？不正是他们创发的考据思路与方法、传承积累的文献知识与经验，给清儒铺好了路吗？因此，愿大家读本书时特别注意"要义"书写向度的侧重。

在章节设计方面，本书呈现出详前而略后的结构，上古期占了三讲，而中古期只占一讲、近古期占两讲，为什么上古期文献少却不厌其烦，而中古、近古文献浩繁淹博却约为三讲？实因上古期作为国学思想之滥觞，尤其重要，这一时段距今更远、文献尤少，因而更需具体论述。况且纵观三个时段，上古期跨度约两千年，中古、近古期各约一千年，如此看来，章节的比重似乎也合情合理。

在论述方式上，我们采取"讲稿体"。相较于"教材体"的严谨、整饬，"讲稿体"娓娓道来，简要浅易，更为轻松活泼，如能还原出课堂上的一点氛围，就再好不过了。为了使大家在阅读时不必因追寻引用材料的详细版本、卷数和页码而中断阅读正文的流畅感，我们采取布鲁姆《西方正典》的书写方式，不加任何注脚。尽管如此，大家如想"按图索骥"，仍可找到原书核查乃至通读一过——这才是我们最希望看到的。

我非常认同九华山一座佛寺的楹联："非名山不留仙住，是真佛只说家常。"（袁枚《随园诗话补遗》）说得真好，把简单的道理讲复杂不算本事，但能把复杂的道理三言两语讲明白，这才了不起。正如朱熹借用宗杲的话："寸铁可杀人。无杀人手段，则载一车枪刀，逐件弄过，毕竟无益。"这正是本书追求的目标——当然，如果大家发现文中有枝蔓、废话、唠家常，那正是我"别具匠心"的修辞，愿大家能"别具会心"，"会心一笑"。

最后，我必须要说，本书具有鲜明的"主观"性。我想就此表达两点：首先，推崇"客观"精神，始于近代科学的兴盛，进而影响到人文社科。在我看来，人类发明的所有学科都是"我观"。我曾有个学生将赴牛津读物理，临行前我对他说:"物理学也是人类对世界的一种描述,只不过它的语言不是文字,而是数字。"因此,我强调"主观"绝非故作奇语,绝非推卸责任,而意在表明本书仅是自家的读书思考,大家姑妄读之,读时像塞进打印机的白纸,读后想想有什么疑问,唯有就此深入研读国学典籍,方能形成独立的见解。当大家丢下了这本小书、忘记了书中的观点乃至作者,才会遇到真知的你,正如尼采所言:

> 你们说相信扎拉图斯特拉,但扎拉图斯特拉算什么?你们说是我的信徒,但所有的信徒又算得了什么?你们没有探索自己,却发现了我……现在我要你们丢开我去发现自己,只有当你们全部否定我的时候,我才会回到你们身边。

其次,国学已有几千年的发展历史,博大精深,多少第一流的学者投身其中,穷其心力做研究、阐发,我何敢言"通"?只能研读前贤论著,将此中荦荦大者搬运到大家面前,如此,难免会有"我观"的种种偏见、疏忽乃至谬误,每念于此,我真是不胜惶恐,恳请大家批评赐教,启我以智,辅我以仁。

治洋谨识于
建康东郊,栖霞山下,乙巳岁夏

# 目　次

# 第一讲
## "国学"概说

课前导引

"国学"是什么？我想大家在上这门课、翻开这本书之前，已有一定的认知与了解。孔子说"名不正则言不顺"，我们有必要对"国学"这一概念做界定，否则将无法展开论述。在此推荐两篇论文，供大家研读：

①桑兵：《晚清民国时期的国学研究与西学》，《历史研究》，1996 年第 5 期；

②陈来：《近代"国学"的发生与演变——以老清华国学研究院的典范意义为视角》，《清华大学学报》（哲学社会科学版），2011 年第 3 期。

这两位学者的文字，逻辑清晰，扼要精当地梳理了"国学"这一概念何以提出、如何发展等问题。

## 一、何谓"国学"？

在我们的日常生活中，"国学"一词似乎从未缺席，由此衍生出的"国学讲堂""国学大师""国学文化"也一直为社会、民众所关注。但我们是否认真想过："国学"**是什么**？**为什么会兴起**？**如何学**？注意，这三个问题，是我们接触任何一门学科、解决任何问题的起点。

"国学"是不是"中国之学"？如果是，我们需要思考，什么是"中国"的？

比如，我们把商周称为"中国青铜时代"，那么，青铜器及其形成的青铜文化，是不是中国的？大家或许会点头。但是大家知道吗？早在一万年前的土耳其东部，就已经有了经退火处理的自然铜制品，而今见最早的青铜器，出现在六千年前的古巴比伦两河流域。这就意味着，青铜制作技术不是我们中国人发明的！那它还是我们的"国学"吗？当然是。虽然这一技术是外来的，但是在商周时期，先民以此形成了具有中国特色的青铜文化体系，其中包括青铜冶炼与政治权力的关联，青铜器的形制、纹饰、铭文所承载的思想文化。

我们不妨再举个例子，佛学是不是"国学"？大家或许会摇头，因为我们很清楚，佛学发源于印度。韩愈在《谏迎佛骨表》开篇就说："佛者，夷狄之一法耳。"这句话不仅将佛贬低为"夷狄"，而且指出佛学也只不过是外来的一种"法"而已。韩愈就是靠这句石破天惊之语，换来了"夕贬潮州路八千"。但是我们要说：佛学属于"国学"。因为从魏晋南北朝以来，中国的士大夫就运用老庄之学来解读、"消化"佛学，到了唐代中期，形成了具有本土特色、自成体系的禅宗，并对后来的宋明理学产生了深远影响。

至此，我们明白了，如果简单地以"这是不是中国人发明的"作为界定"国学"内涵的标准，这样的偏狭只会限制我们的考察视野。宫崎市定指出，任何国家的思想文化都是与其他国家的思想文化相互交融渗透的产物。我们应将对国别史的考察放在世界史的视域之中。从这个层面讲，"国学"不一定是中国土生土长的思想文化，但一定是中国自发自主地形成了独立、系统的学术思想体系。

同样出于偏狭的视野，有人将"国学"等同于"儒学"，或以"儒学"为"国学"的主体，因为"儒学"几乎贯穿在我们的历史之中，至今仍对我们影响巨大。这一观念忽略了两点：第一，儒学思想在古代中国从未占据过统治地位，而是"经学"，自汉武帝立"五经博士"以来，渐渐成为国家的"学术意识形态"，而儒学只是附庸在经学之下，成为学术思想的主流；第二，自孔子及其弟子学习、整理、阐释上古典籍，形成了以"仁"为核心的儒家思想，由此衍生出不同思想的学派如墨家、道家等等，魏晋南北朝以来，玄学、佛学在中古时期光芒万丈。因此，并没有哪一家、哪一派能代表"国学"，就像我问大家"你的思想是否严守某一派"，大家立刻就明白了，"国学"是诸家学术思想交相辉映的产物。

既然我们不宜偏狭，那么，我们可不可以把"传统文化"也纳入"国学"的范畴中？比如，堪舆术算不算"国学"？"堪舆"就是今天我们所说的"风水"，选择墓地的方位、占测房子的吉凶，这可是我们中国古代的专门之学！大家点头了吧？再比如，傩戏，上古时期在楚地形成的祭神跳鬼、驱瘟避疫、表达安庆的娱神舞蹈，屈原《九歌》就源于此，这算不算"国学"？大家注意，西汉的文献学家刘向将堪舆、傩戏等统称为"方术"，**"方"是方技，如医药、养生、炼丹等；"术"是术数，如天文、历法、占卜等。它们是中国传统文化的一部分，更侧重于"术"；而"国学"则更侧重于"学"。**我们不能将"国学"等同于传统文化，但也要重视传统文化，因为它是"国学"的土壤。借用王安石的比喻，传统文化是"国学"的"走丸之盘"，不论这个丸球怎么走，始终依托此盘，并且始终不会跳出此盘，一旦跳出来了，这个"丸"就不再是此盘之丸了。

至此，我们看到，"国学"这一概念范畴，既不能以偏概全，又不能肆意扩大。我们不妨后退一步，发问这句话本身：为什么"国学"要这样限定？换句话说，我们提出这样的界定标准的依据是什么？我们还需思考的是：如果"国学"是指本国的学术思想体系，那么为什么欧美国家没有这个词？我们注意到，欧美也有类似的表述甚至专门的学科，叫"古典学"（Classics）。同样的内容，"古典学"以时间范畴作为界定，我们却用国别范畴来定义，这是为什么？以及，我们为何提出了"国学"这一概念？

## 二、"国学"观念的出现与发展

在讨论上述问题之前，我必须请大家思考，到底什么是**真实存在**的？

举个例子,霸王龙是真实存在的吗?考古学家挖出了恐龙化石,证明了它的真实存在。那么,问题来了,中国龙呢?它是不是真实存在的?大家在摇头。没错,至少在当前尚无考古证据支撑的情况下,我们不能下定论说,中国龙是真实存在过的。

但是,大家都会画中国龙吧?我们可以不假思索地在纸上画出来:像蛇一样弯弯曲曲的,四条腿,头上有犄角,鼻子上长胡须,身上还有鳞片。假如大家画好后,把纸都塞进了我的保温杯里,我拧上盖子,在校园里的草坪上挖个坑,放进去,埋点土,数个一二三四五。好,五百年过去了,未来的考古学家挖出了这个杯子——这叫什么?历史文物。考古学家把杯子打开了,里面的纸片叫什么?历史文献。他们顿时惊呆了:在五百年前的历史文献里,竟然画着如出一辙的中国龙!那么,未来的历史学家是不是可以得出一个结论,五百年前中国龙真实存在过?大家好好想想,中国龙是否真实存在?不是。但它真实地存在于我们每一个中国人的观念中。**观念是真实存在的**。因此我们明白了:历史不是过去真实发生的事件——注意,我并非否认历史的真实性,我要强调的是,历史是一种书写;真实存在的,是**观念**,是**形成观念的历史**(the History of Idea)。如果大家懂这个道理,将来再读古书,会事半功倍。

在这个立论基础上,我们就明白了,我们只有了解"国学"这一观念的出现、形成与发展,才算真正把握了"国学"的真实存在。"国学"提出后,发展至今,不过百余年的历史,我们将之分为四个时期:

## (一)晚清

据今所见材料,我们使用"国学"一词始于20世纪初期:

①1902年秋,梁启超在日本谋创《国学报》,曾和黄遵宪函商,黄遵宪则建议撰写《国学史》;

②1902 年，罗振玉赴日本考察，在所撰《扶桑二月记》中使用了"国学"的概念。

我们发现，最早提出这个词的学者，都有在日本留洋的经历。事实上，"国学"本为日本江户时期（1603—1868）兴起的一门学问，主要是对日本的古籍进行文献学式的研究，以探明其固有文化，又称和学、皇学或古学。明治维新后，日本政府推行欧化政策，导致社会出现主张彻底洋化的偏激倾向。于是到了 1888 年，三宅雪岭、志贺重昂等人成立政教社，鼓吹"国学"的重要性（据《日本国语大辞典》）。换句话说，在 19 世纪后期，日本学者受激于西方现代学术，提出"国学"来捍卫、强调本国的旧有学术；当时留洋日本的中国学者，也正是在晚清救亡图存的时局中，将"国学"带到了国内。

我们来看一段材料：

> 黄节《国粹学报叙》："立乎地圜而名一国，则必有其立国之精神焉，虽震撼掺杂，而不可以灭之也。灭之则必灭其种族而后可。灭其种族，则必灭其国学而后可。昔者英之墟印度也，俄之裂波兰也，皆先变乱其言语文学，而后其种族乃凌迟衰微焉。……学亡则亡国，国亡则亡族。"

《国粹学报》是在光绪三十一年（1905）创立的，宗旨为"发明国学，保存国粹"。黄节作为发起人之一，他的这段话展现出深重的忧患意识：西方学术、科技伴随着坚船利炮涌进了中国，如果我们丢弃了自己的"语言文学"，那么很可能遭到亡国的危险。

黄节的这个话有没有道理？我们看他举的例子，"英之墟印度"，这里的"墟"名词用作动词，意为侵略印度，将之变成废墟。我们知道，在很长的一段时间里，英语始终是印度的官方语言。直到近些年来，印度的一些有志之士才大力呼吁国民要说自己的母语，保全自己的原有思想文化，我们看阿米尔·汗主演的电影《摔跤吧！爸爸》，说的就是印度语。再比如二战刚开始时，敦刻尔克大撤退，戴高乐在英国号召流亡于此的法国国民建立一个"流亡法国政府"，坚持吃法餐、说法文、过法兰西传统节日，他为什么要这么做？因为他知道，沦丧的国土还有收复的可能，但是一旦丢掉了自己的语言文学，法兰西民族还在吗？诸位，我们理解了这个道理，就能明白，当年侵华日军为何要在我们的国土上办"公益学校"了！

我们再来看两段材料：

邓实："国以有学而存，学以有国而昌。"（《国学讲习记》）

"中国自古以来，亡国之祸叠见，均国亡而学存。至于今日，则国未亡而学先亡。故近日国学之亡，较嬴秦蒙古之祸尤酷……夫国于天地，必有与立。学也者，政教礼俗之所出也。学亡则一国之政教礼俗均亡；政教礼俗均亡，则邦国不能独峙。……是则学亡之国，其国必亡，欲谋保国，必先保学。"（《拟设国粹学堂启》）

章太炎《国学讲习会序》："夫国学者，国家所以成立之源泉也。吾闻处竞争之世，徒恃国学固不足以立国矣，而吾未闻国学不兴而国能自立者也。吾闻有国亡而国学不亡者矣，而吾未闻国学先亡而国仍立者也。"

至此我们看到，在这一时期学者的观念中，"国学"是指：遭遇西方文化冲击之前中国原有的思想文化与学术体系。我们注意，这一概念并非在我国学术思想演进的"内在理路"中出现的，而是在"国将不国"的时代语境下提出的，因而具有鲜明的救亡图存的政治取向。

## （二）辛亥革命至新文化运动

大家对 20 世纪初翻天覆地的变化都有所了解，旧的帝王专制社会被

"革命"了,新的国民政府建立了,好像一切都是崭新的。特别是随着西方"现代化"的产物"民主"与"科学"在民众观念中的加深,整个社会几乎陷入"狂飙突进"的热情之中。我们熟知的口号有"打倒孔家店",我们传承了几千年的书写传统("文言文")被清新通俗、受英语语法影响的白话文替代;我们不熟知的是,当时的很多学者在崇拜、引介西方学术思想的同时,有过一些狂热、偏激的观点,比如鲁迅就说过"汉字不灭,中国必亡"这样的话,意在摒弃书写效率低、无法与世界接轨的汉字。这时社会上较为普遍的观念,在毛子水《国故和科学的精神》一文中可见一斑:

> 国故就是中国古代的学术思想和中国民族过去的历史。……我们倘若单讲到学术思想,国故是过去的已死的东西,欧化是正在生长的东西;国故是杂乱无章的零碎智识,欧化是有系统的学术。这两个东西万万没有对等的道理。

我们首先注意到,毛子水用"国故"而非"国学"一词,可见在他的观念中,中国的古典思想竟不配称为"学"了;其次,正是"国故"不配称"学",它的概念范畴也扩大了,中国传统文化也包含其中;最后,"国故"并非单独提出的概念,而是通过与"欧化"相比较、作为鼓吹"欧化"的优越而提出的。这段话可以代表国人接受西学、反思"国学"的一个阶段:启蒙思潮主导的文化取向。

## (三) 二十世纪二三十年代

进入二十世纪二十年代后期,学人对于"国学",特别是"国学"与西学的关系,渐渐冷静下来,这使得"国学"第一次进入具有学理性的思考乃至研究的视域。

1923 年,胡适在《国学季刊·发刊宣言》中指出:

中国的一切过去的文化历史，都是我们的国故；研究这一切过去的历史文化的学问，就是国故学，简称国学。……我们现在治国学，必须要打破闭关孤立的态度，要存比较研究的虚心。第一，方法上，西洋学者研究古学的方法早已影响日本的学术界了，而我们还在冥行索途的时期。我们此时正应该虚心采用他们的科学的方法，补救我们没有条理系统的习惯。第二，材料上，欧美日本学术界有无数的成绩可以供我们的参考，比较，可以给我们开无数新法门，可以给我们添无数借鉴的镜子。学术的大仇敌是孤陋寡闻；孤陋寡闻的唯一良药是博采参考比较的材料。

大家注意，此时"国学"的概念较之前两个阶段，发生了变化，"国学"不仅仅指涉中国古典学术思想，而且侧重于对中国古典思想文化进行的学术研究；胡适也明确指出，这一研究以世界汉学为参照，不论是在方法上还是在材料上，都要积极学习、借鉴世界汉学研究。

当时的"国学"研究取得了相当大的成就。受到外来观念的影响，民国学人打破了传统学术对"经"的崇拜，转而关注在"经史子集"中序列第三位的"子"学，在《墨子》一书中发现了朴素的逻辑学、物理学。再如《诗经》，在我国古典时期一直作为政教经典，我们所熟知的《关雎》，古人解释为"后妃之德"，这是什么逻辑呢？古人解释道，周天子日夜操劳国政，王后为了更好地辅佐他，帮他寻找贤惠的嫔妃，这就是所谓的"窈窕淑女，君子好逑"。大家觉得莫名其妙吧，但是两千年来，竟没有任何一个学者站出来反驳，因为这个解释具有政教的价值。直到民国学人受到西学的刺激，才指出《诗经》的大多篇章来自民间的歌诗，而《关雎》则是首爱情诗，至此，《诗经》进入文学的研究视域。

疑古思潮也兴盛起来。比如顾颉刚在苏州看戏，发现戏曲里的情节随着朝代的更迭而越来越丰富详细，进而发现我们的"古史是层累地造成"的。

儒家构建了"尧舜禹汤"的圣人谱系,战国诸子百家在论辩中为了给自家思想学说提供权威依据,用**托古**的方式构建起"五帝"的谱系。司马迁在《史记》开篇的《五帝本纪》最后一段里,就表达了经典、儒家从来不谈"五帝",而传述"五帝"事迹者"文不雅驯"的疑惑。"三皇"谱系的构建出现得更晚。至于大家今天一谈到我们的创世神话,就会想到"盘古开天地",而这个故事则晚至三国吴时期,载于徐整的《三五历记》,实则源自印度教中的故事,佛教徒将它带到了当时的南京。(大家回想一下画龙的比喻,就明白了。)对古史的质疑与考辨,便是以顾颉刚为代表的"古史辨"派从事"国学"研究的重心。

西方在对外扩张的历程中,对古埃及、两河流域、古印度的考古与研究也陆续展开。敦煌莫高窟内的古籍重见天日,使得"敦煌学"一跃成为世界级的热门学问。受此刺激,我们也积极地探挖地下遗物。1926 年,厦门大学国学院发掘计划书称:"二十年来,欧美考古学者以我国有最古之文明与悠久之历史,群来东方实地考查,其研究结果之公表于世而有裨益于东方史学为世界所周知者,如斯坦因、沙畹、伯希和诸氏,其最著者也。近数年中,欧美日本大学教授及博物院代表来华调查古迹者日益多,此其故可深长思矣。"该院致力于考古发掘研究,正是要使中国的考古学"于世界学术界中占一位置"(《厦大周刊》第 158 期)。1928 年,中研院成立了历史语言研究所,同年在安阳发掘出了殷墟遗址,这是震惊世界的考古事件。

当时代表"国学"研究最高成就者,可首推王国维。陈寅恪总结王国维的治学方法,要有三点:①"取地下之实物与纸上之遗文,互相释证";②"取异族之故书与吾国之旧籍,互相补正";③"取外来之观念与固有之材料,互相参证"。我们举一例以见王国维"国学"研究的贡献:当时疑古思潮盛行,很多学者怀疑司马迁《史记》中的上古史是编造的——司马迁这个人喜欢奇怪的故事,比如他说孔子是父母野合而生,我怀疑他吃了孔子故居周边百姓分享的瓜。因此,民国的学者们都不相信他记载的夏商史,即便安阳殷墟已见挖掘。王国维在研究殷墟卜辞期间,发现有一片上面写的内容似乎没法连贯成句。他对读《史记·殷本纪》发现，甲骨上所书与司马迁传述的商人先公先王的谱系几乎完全一致！如此看来，司马迁传述的上古史仍有所本，这就将学人们从"疑古"拉回了"信古"。在这里我多说几句，王国维可谓开创现代人文学科的巨擘，他的《观堂集林》四十万余字，涉及殷墟卜辞、两周金文、战国文字、西域汉简、汉魏石经、敦煌文书、铜器定名、三代地理、殷周礼制、古文源流、字书韵书、版本校勘、西北史地等学术领域，是我们从事古典学的必读经典。陈寅恪也是国学研究的大师，他的相关著作如今译林出版社出了简体横排版，大家感兴趣读读看，不复赘言。

"上甲"等先王合祭卜辞

（《甲骨文合集》32384）

在这些丰富的"国学"研究成果中，我们必须看到，在当时学者的心中，始终怀有与西学相较量的紧张与焦虑。20年代中期，桑原骘藏评介陈垣著述，仍认为中国史学与国际学术规范距离太远（桑原骘藏著、陈彬和译：《读陈垣氏之〈元西域人华化考〉》，《北京大学研究所国学门周刊》，1925年）；而陈垣则问胡适："汉学正统此时在西京呢？还在巴黎？"（《胡适日记》，1931年9月14日）

## （四）当今

20世纪80年代以来，国内再度掀起了"国学"热潮，这与我们改革开放、西方思潮的涌入有着密切联系。我们进入21世纪以来，国家综合实力不断上升，我们在国际上的影响力也越来越大，我们的民族凝聚力与文化自信也与日俱增。与此同时，西方强国依然奉行单边主义，举着所谓"民主""自由"的口号，肆意评论乃至插手落后国家或地区的政治事务。早在1978

年,萨义德就在《东方学》中批判了这种"只允许一种声音""落后国家或文明无法表述自己"的危险。因此,今天我们重视对"国学"的了解、研究与阐发,既是"坚持把马克思主义基本原理同中国具体实际相结合、同中华优秀传统文化相结合"的时代要求,也是与世界学术、文化展开对话,让世界真正了解我们的重要方式。

## 三、"国学"的定义与研习目标

至此,我们可以对"国学"这一概念做一小结:

**"国学"与"西学"相对,是指遭遇西方文化冲击之前中国原有的思想文化与学术体系。从狭义的角度看,该定义以学术形态的文化为主,不包括民俗文化等非学术内容。20 世纪 20 年代以来,"国学"成为对上述内容展开的学术研究。**

我们注意,"国学"之兴,实受到"现代化"的西学的刺激,这就使得近代以来的"国学"研究,始终受到西方现代学术的范式与视域的影响。回应我们在第一节提出的问题,这就是为什么西方径称为"古典学",而我们在近代必须凸显"本国"之"学"。

这一方面使我们的古典学术思想融入世界学术,成为备受关注的"古老的东方智慧";但另一方面,我们只有跳出西学框定的方法与视野,探寻中国古典学术自发、自主的思想体系,才能真正地为世界提供"中国方法""中国思路"。因此,我们对中国古典学术思想的研究,仍然任重而道远。

或许有人会说,古代的学术思想已经渗透进了我们的生活中,日用而不知,因此,我们了解乃至研读相关的典籍有什么用呢? 就像我们没必要了解我们呼出的空气元素比例、走路的阻力。但是,如果你想了解我们这个民族何以走到了今天,因为这关乎我们成为"我们"的集体记忆;如果你想更好地"认识你自己",因为你的言说方式、情思表达、生活习惯无不受到"国学"的塑造;如果你想训练、提升解读文本的能力,因为世界就是一个文本(text),编织出错综复杂的万千表象。那么,对"国学"的了解与学习,对你而言,是必修之课。我们这本讲稿将为你提供:

①"国学"的大纲与要义,展现出"国学"发展、变化的大致脉络;

②在此"纲"中,精选"国学"文献中的片段,在精读文本(Close Reading)的过程中,阐释、考察"国学"的内涵与意义。

最后,我想回应桑兵教授的一段文字:

> 国学一词毕竟是对转型中学术笼统模糊的概括,确有成就的学者很少抽象地讨论这一概念,甚至反对教授《国学概论》之类的课程(如陈垣)。随着转型过程的完成,国学按现代学科分支被分解,失去了与西学、新学的笼统对应。周予同在论经学与经学史的关系时说:"五四运动以后,经学退出了历史舞台,但经学史的研究却急待开展。"借以说明国学与国学研究史的关系,不无妥帖之处。

诚然,随着我国现代学科体系的健全,近现代学人热议的"国学"已被分解、归入诸门学科之中。但是,"国学"一词仍未退出历史舞台,反而凭借它在历史上发挥的作用,继续影响着当今国人对中国古典学术与文化的认知,特别是在"国学"一词及其内涵被滥用、被误解的当下,我们尤其需要澄清它的来龙去脉,揭示它的价值。

# 四、中国思想文化的大致脉络

在进入正式的讲述之前，为了便于大家更好地理解"国学"的发展，我们有必要简单地谈谈中国思想文化的发展脉络。注意，这和我们按朝代划分的"断代史"略有不同，人们的观念、思想是有"惯性"的，就像我们坐车，车子停了，我们的身体因处于刚才的驾驶状态而不由地往前倾。比如1949年新中国成立了，但是处于刚建国时期的大多数人，由于出生并长期生活在旧社会，因此他们的思想观念与生活方式仍属于上个时期。在这一立论基础上，我们可将中国的思想文化分为上古、中古、近古三个时期：

## （一）上古期（商周至东汉末年）

这一时期的关键词是"神文"，具体特点为：

1. 限于生产力水平与认知能力，先民想象出了各种神灵、鬼怪，对自然、造物者充满了敬畏；

2. 王为了巩固、提升王权的神圣与权威，构建起王与天的联系：王与天帝具有血缘关系，先王死了，便会升到天上服侍天帝，人王通过种种祭祀仪式，向祖先"行贿"，以此祈盼天帝降下福祉；

3. 由此产生出神话传说、颂扬祖先的歌诗、预测天道的占辞乃至熠耀生辉的青铜文化；

4. 春秋以来，"礼坏乐崩"，王侯贵族与天神的血缘关系遭到冲击与消解；而战国秦汉以来的阴阳五行学说成为"新天道"，汉代的政治、经学、文学乃至民间兴盛的谶纬之学都笼罩在"神文"思维范式之中。

## （二）中古期（魏晋至唐天宝十四载[755年]）

相对于上古期，这一时期可谓之"人文"，从东汉末年至魏晋以来，战火不绝,政治动乱,人们在天灾人祸中感悟生死,痛苦不堪,进而关注自身,珍惜当下,追求生命的密度,学界多称之为"人的觉醒"。此时信奉儒学的士大夫明哲保身,老庄之学、佛学大兴。

我们将中国的"中古"与欧洲的"中世纪"相比较,发现两者具有三个共同特点:①核心文明在拓疆的过程中"辐射"了周边的部族,促使他们积极学习新技术、吸收新思想,民族意识渐渐觉醒;②这些部族壮大起来,长驱直入到核心文明的心脏都城(如果我们用一个温和的、从结果上看的词来形容,是民族融合。我想由此向大家传达,当我们回顾历史,应怀着悲悯,历史往往是在曲折中前行的);③有办法的权贵被迫迁徙,因此特重血统的纯粹。

汉代以来,我们的制度有两个要点,一是"学而优则仕",这就使得"士"与"大夫"合二为一(而在西方,这往往是两个不同的身份);二是地方长官权力很大,可以推举人才、任命一些下属,"门生故吏"形成了一些非常壮大的"士族"。明白了这两个特性,我们就不难理解,为何东汉末的皇帝会发动"党锢之祸",为何曹操对弘农杨氏、北海孔氏头疼不已,为何魏晋南北朝的士族能够长期垄断朝中的重要官位乃至操控政治。

直到武则天大力提升进士科的地位,贵族门阀才有所式微。安史之乱的爆发,导致了这一阶层甚至整个社会产生了剧变。为什么?唐帝国的人口从 5400 万锐减到 1600 万,人死掉了!

## (三)近世期(中晚唐至 1840 年鸦片战争)

这一时期的关键词是"庶民",仅举一例就可说明,我们耳熟能详的"唐宋古文八大家",没有一个出自贵族门阀,他们凭靠个人的勤奋苦学而跻身于朝廷,做官时胸怀理想、真正关心着国家与百姓。学界也指出这个时期形成了"近世理性""普世价值"。我们还可以举一例说明,据考古成果,安史之乱以前的墓葬形制、规模严格按照墓主的身份等级而建造;而安史之乱以后,只要一个人家境豪阔,墓葬就可以"可劲儿造",大家可以读读宿白先生的名著《白沙宋墓》,看看宋代的庶民墓葬能豪华铺张到什么程度。今天我们在影视作品中看到的大唐"不夜城"也是绝不可能的,唐朝仍是律法森严的时代,到了夜晚,百姓们只能待在自家的里坊中,未经允许而在街上闲逛,按盗贼论处;只有到了宋代,我们才能在"灯火阑珊处""蓦然回首",而《卖油郎独占花魁》这样的故事——一个身份卑微的小贩娶到"花魁"也只有在宋代以降才有可能。

正是在这样的思想文化风气中,儒学兼收并蓄,不仅借鉴、吸收佛学、老庄之学,入室操戈,发展出理学、心性之学;而且日益世俗化、市井化,融入民间生活的方方面面。

## 五、"国学"的内核

了解中国思想文化的这一脉络,有助于我们更清晰地洞见"国学"的发展变化。在此,我们以简驭繁,点出"国学"的内核:

第一个词是**儒学与经学**。大家对儒学并不陌生,从某种程度上说,儒学在"国学"中一直处于显性的主流地位;但说到"经学",大家可能就有点模糊了,因为它已经被废除了一百余年。但经学在国学乃至我们思想文化中的重要性,怎么强调都不为过。为了让大家更好地理解经学,我们先绕个弯子,引入法国学者阿尔都塞的一个概念,他思考,如何维持社会健康有序的运作?按马克思主义学说,要确保生产关系的再生产。如何确保?在我们的常识中,要靠国家机器,比如警察、监狱、军队等。阿尔都塞说,这些都属于暴力国家机器,其实,还有一种我们看不见的国家机器,它的功效更大,叫"意识形态国家机器"。什么是"意识形态"呢?就是我们脑袋里不以自己的意念而改变的观念。意识形态国家机器在当时法国的具体呈现,就是学校——每个孩子都会上幼儿园、小学。可不可以不上学?当然可以,没人强迫你！但是，你不上学，你怎么认字？你怎么掌握生活常识？你势必会上学——况且是义务教育，又不用交学费。好了，小学毕业之后呢？有的人读中学，有一些人就进入社会了，他们的脑袋里已经被植入了灌满各种价值观、伦理道德的"芯片"。再往后，中学、大学源源不断地往社会输送"人才"，生产关系的再生产至此得以维持。

我想说的是，自从汉武帝建立了"五经博士"，经学与仕途、利禄紧密结合，造成了两方面的影响：一是经学由此成为中国古典时代的"意识形态国家机器"，成为国家施政的依据，成为唯一权威的声音；二是全民学经，在国家实现政教目的的过程中，经学中的价值观（如"忠孝"等）像芯片一样植入了人们的"集体记忆"之中。从此以后，人不仅仅是"生"出来的，而且也是"生产"出来的。经学及其衍生出的考试由此成为历代统治者维稳的法宝，这也是中国社会结构、文化心理长达两千年如此稳定（对比西方）的原因之一。儒学依附在经学之下，通过阐释"五经"（后来发展为"九经""十三经"）而表述思想，这种"寓思于学"的方式与西方学人直接表述观点截然不同。

第二个词是**老庄之学**。我们没有用"道家"这个词，因为先秦时并没有这么一个旗帜鲜明的学派，直到汉初司马谈、司马迁在阅览诸子文献时，才用"道家"涵盖这些以"道"为终极概念的学人论述。老庄之学受激于儒学而兴（有同学可能会疑惑：难道老子不是在孔子前面吗？关于先秦学派的脉络，我们到第四讲会详细展开），老庄之学作为对儒学的反向思辨，在中国思想学术的长河中绵延不绝，生命力极其顽强。大家不妨记三句话：

1. 没有老庄之学，就没有禅宗。东汉以来，佛教传入中国，最早的佛教徒在译介佛经的过程中，借用大量老庄的术语来翻译佛学概念；为了使国人更容易接受佛教，甚至编造出佛学是老子出关之后在天竺传授的学说。到了唐代，佛教徒将老庄之学中的"顿悟""坐忘""得意忘言"等思想带入佛学，创造出了具有本土学术品性的禅宗。

2. 没有禅宗,就没有理学。唐代中后期以来的士大夫为了战胜佛教,或者说"争夺"对百姓的教化,积极研习佛学,入室操戈,借鉴了禅宗的学理与心性修炼工夫,发展出"理学"。从二程、朱熹到陆九渊、王守仁,渐渐深入人的心性内部。

3. 理学的深入与转向,促进清代考据。今天我们常说,乾嘉考据产生于清代文字狱横行的背景下,但这只是描述表面的现象,并未揭示出考据学出现的内在理路。事实上,当阳明心学发展到明末清初之际,学人之间的论辩已不能在义理层面说服彼此,因而"回到原典的本义",转向了音韵、文字、训诂方面的考据;另一方面,明代的覆灭使得士大夫们痛心疾首,他们将这一"国变"归咎于理学的空疏,因而转向考据这一"实学"。

第三点是一句话:**方术作为"走丸之盘"**。经过前面的讲论,我们已经了解,方术属于中国的传统文化与技术,虽不是国学,却是孕育国学思想的重要土壤。方术是如此重要,我们有必要举例说明一下。

大家看这幅帛画:

导引图(长沙马王堆汉墓帛书)

这幅帛画出自马王堆汉墓,当今学界称它为《导引图》。我们看到,图中的人或穿着长裳长裤,或露出腿,甚至光着膀子,做出各式各样的动作。这就是我们最古老的"气功"。时至今日,我们江科大的师生在课间休息时打打"十段锦",平时组织相关的运动比赛,即是这一方技的延续。

春秋战国以来,有关养生的方技非常兴盛,人们认为只要服食这世上最坚固最永恒的东西,就可以长生不老。比如在墓葬中铺朱砂,给逝者穿"金缕玉衣",魏晋名士吃五石散、金砂(将金子与汞液化之后,洒进盐粒,汞蒸发掉,将金粒放水中淘去盐),乃至韩愈吃硫黄(白居易《思旧》"退之服硫黄",韩愈将硫黄研磨成粉,混入饲料喂养小公鸡,一两年后,小公鸡都变成了阉鸡,成为方士眼中的"火灵库",韩愈吃了以后,"一病讫不痊"),都是这种"生命科学"。先秦的方士发现,气是这世上最永恒的事物之一,每天川流不息,既不会减损,也不会增多,简直太神奇了。因此方士们发明了这套导引技术,调和自己的呼吸与动作来"吃气",使气在自己的体内流通,进而达到拟

图30 以丈(杖)通陰陽

以丈(杖)通阴阳

效自然、延年益寿的功效。我们来看图中左下部那个弯腰的人,其图像说明为:"着蓝色长服,束腰,赤襟,赤裤。两臂分向上下伸开,持长杖作弯腰柱地状。"(《长沙马王堆汉墓简帛集成》第六册)我们通过文字了解到,他的衣着颜色外蓝内赤,为什么要这么穿呢?因为蓝为冷色调、象阴,赤为暖色调、象阳。此人手持二杖,一以指天,一以柱地——天地也是阳阴两极,两臂伸直成一线,图像左下侧标以"以丈(杖)通阴阳",可见他正是通过这一义涵丰富的仪式性动作,以实现触接天地、沟通阴阳,让气在自己的体内流通,进而达到长生的功效。

正是在这一方技的土壤中,黄老学派的学者将"气"作为建构宇宙论的核心。徐兴无师在《经纬成文:汉代经学的思想与制度》中指出:"道家、阴阳家建构了以'道'作为宇宙的起源和本体,以'气''阴阳'和'五行'作为宇宙

生成与构成的新天道观和新宇宙论,流行而为形而上学的公共话语体系。"
郭店楚简有一个重要的文献谈到宇宙的生成,"太一生水","太一"其实就是
"气",是比"一"还要"一"、先"一"而生万物。战国时期的儒家受激于该学说
的盛行,比如《孟子》,也办了个"养气培训班","我善养吾浩然之气",为本质
为无、自然的"气"赋予了伦理道德。

我们再来看一些考古文物:

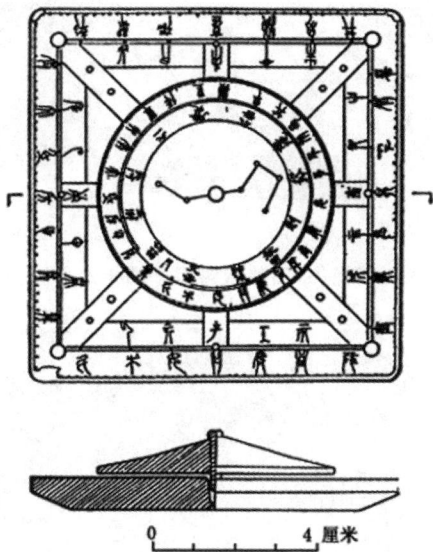

汉代漆木式盘(甘肃武威磨咀子六十二号墓出土)

大家觉得这是什么?是罗盘吗?这是罗盘的祖宗——春秋战国以来民间兴
盛起的新占法:式占。这一新的占卜技术比商人的龟卜、周人的蓍占都更加
简易,有点像我们今天的赌盘,只需一转,上下两盘就会组合出一组用于占
卜的信息来。大家看,这个式盘中包含的信息非常多,这正是当时人们对世
界的想象:从一个中心向四面八方展开,四时、五行、五方、五色、八卦、天干
地支、二十八星宿都容纳在"井"字格的框架之中,不论是基于"四"的事物
(八卦、二十八星宿)还是"五""十二",都井然有序地罗列开来。

　　李零教授有个说法,叫"卜赌一家",两者都是人类猜测未知的方式。当时流行的一种博弈游戏"六博",结构也如式盘一样:

彩绘木六博俑(甘肃武威磨咀子四十八号墓出土)

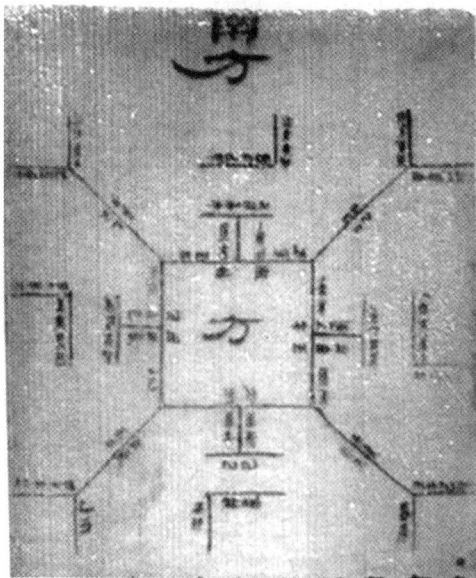

尹湾汉简六博占

以上二图，上面的是博局，下面的则将该博局作为式占，足以证明两者之间的密切关系。不仅如此，博局还出现在当时的生活器具中，如博局镜。

西汉尚方四神博局镜（辽宁省博物馆藏）

在古人看来，这个镜子不仅用于映照自己的面容，而且具有神奇的作用。比如东晋人葛洪在《抱朴子》里谈到，山中的生物长到千年便可成精，变成人形来魅惑路人，而博局镜则可以照出精灵的原形来，想必是博局是世界的缩影之故，任何生物在博局的面前都会现出其本形吧。这些"式"的图像深深地根植于时人的认知与观念之中，成为战国秦汉之际的诸子百家建构宇宙论的基本框架。比如在《逸周书·时则》、《管子·幼官》《四时》《五行》、《吕氏春秋·十二纪》、《礼记·月令》、《淮南子·天文》等文献中，运用这一框架建构出一个囊括万象万物的世界图式。比如《吕氏春秋·十二纪》建构的图式中含有天地之气、日建、七十二候、五日、五帝、五神、五方、五色、五音、十二律、五虫、五味、五臭、五数、五祀、祭先、明堂等；到了汉初的《淮南子·天文》中，又增加了九野、五星、二十八宿、四象、八风、五官、六府、刑德雌雄、二十四节气、十二太岁年、岁阳、律历之数、分野等。我们由此可见，学术思想正是在方术知识的土壤中生长而出。

# 六、说在最后

至此，我们对"国学"一词的出现、形成，对其作为一种观念的内涵变化有所了解，也对中国思想文化三个时段的划分、"国学"的内核有所认知。接下来，我们就要一起踏上研习"国学"的旅程了，我还想给大家讲个故事——虽然与"国学"无关，但是对于大家读这本书至关重要。

柏拉图的一个比喻：有个洞穴，关押着一些囚徒，他们面壁而坐，虽说没有人身自由，倒也衣食无忧。洞穴的另一边墙上放着火把，时而有人进进出出。问题来了：在囚徒的眼里，"世界"是什么？世界是扁平的，时而有一些影子——这就是他们的全部认知。有一天，有个囚徒回头看了一眼，他震惊了，原来"世界"是一条狭长昏暗的隧道！他曾以为的真相，竟然是和他一样的人被火把映照出的影子！后来，这个囚徒挣脱了枷锁，走出了洞穴——他看到了更加广袤的"世界"。问题又来了，他还能回去吗？我指的当然不是物理层面的，毫无疑问他可以再走进去过衣食无忧的生活——我的意思是，他的认知，再也回不去了，获得真知，他失去了纯真。

关于这门课，这本书，我们追求的目标之一就是提醒你"回头看"、指明洞口的方向，你的选择是什么？正如《黑客帝国》里的桥段，我这里有蓝药丸和红药丸，吃了蓝药丸，你权当做了个梦；吃了红药丸，你的思想冒险之旅就启程了。

## 🎓 课后延伸

本讲可谓之"导论"，如果大家意犹未尽，想进一步了解中国古典学术与文化，不妨从这三本书读起：

**1. 葛兆光《中国思想史》第一册《导论：思想史的写法》**，这是葛兆光最重要也最著名的论著，三册装，后两册非常厚重。大家优先读第一册，书中提出的问题,提供的思路、方法,我想一定可以开阔大家的视野,借用我导师常说的话,"磨磨脑袋"。

2. **李零《中国方术正考》**,其实他还写了《续考》,大家一本一本读着看。限于这本书的体例与篇幅,我们无法具体展开对方术的讲解,只能请感兴趣的同学自行研读。相较于葛兆光的热情洋溢,李零的文字简易明了,我本科时就是读了这本书,对我们的传统文化产生了浓厚的兴趣,算是入坑必读吧。

3. **钱穆先生《国史大纲》**,细心的同学会发现,我称呼他特加以"先生",他是我的心灵导师之一,他的《师友杂忆》(九州出版社,简体横排)教我做人、为学。《国史大纲》至今仍是繁体竖排,而且是浅近文言,大家初读可能会感到吃力,但一旦走进此书,会对我们的历史、思想文化有更为深刻的理解。

## 第二讲

# 汉字体系及其书写——国学的思想载体

课前导引

本讲讨论的是我们的汉字体系及其书写。注意,我没有用"汉字"而是用"汉字体系",这是吸取了裘锡圭先生的思考,我们考察的不是一个个的"汉字",而是为中华民族所创造、用于书写、传播思想与文化的"汉字体系"。从某种程度上来说,任何一个民族的历史的起点,其实就是该民族文字体系形成之时,因为直到这时,这个民族的历史才得以书写,其记忆才得以存留下来。我们在下文的讨论中参考了**裘锡圭《文字学概要》(修订本)**,这是当前最好的文字学教材,大家如果学有余力,可自行研读。

另推荐大家读**钱存训《书于竹帛:中国古代的文字记录》**,这本小书行文清浅流畅,图文并茂,深入浅出地梳理了我们书写形制的发展脉络,有助于大家更好地了解我们的国学思想载体是何以形成、发展的。

# 一、汉字体系的历史

## (一)图画、符号与文字

请大家先思考一个问题,如何界定"汉字体系的形成"? 这个问题引导我们思考,我们以什么标准界定"文字"? 我们来看这两幅图:

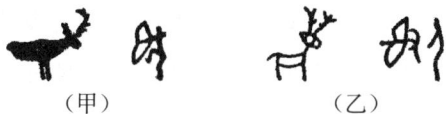

（甲） （乙）

大家认为哪个是文字？我们看得出，两者都表示出"人射鹿"的意思。大家会直觉（甲）是图画、（乙）是文字，这当然没错：（甲）出自原始岩窟中的壁画，为唐兰先生在《中国文字学》中所引用；（乙）则是甲骨文。可我们要知其所以然，我们为什么如此判定？因为（甲）像图画？（乙）更抽象或更简单？这并不是判别文字的依据。如果要表示{大鹿}这个意思，（甲）该如何做？画一头很大的鹿吗？如果要表示{三鹿}{十鹿}乃至{百鹿}呢？如此反观（乙），我们就明白了，它之所以是文字，是因为每个"字"都承担记录语言的**意符**功能，表示出{人}{射}{鹿}的意思。它可以用"人鹿"表示{大鹿}，用"鹿"表示{百鹿}。

我们再来看两幅图片：

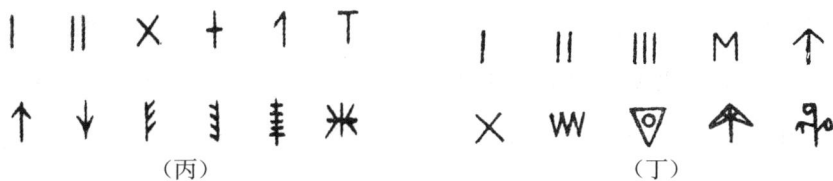

（丙） （丁）

它们是文字吗？严谨地说，它们只是**符号**。虽然它们具有表意的功能，但它们只是被零散地刻画在陶器上，尚不成为**体系**。大家觉得两幅图中的符号差别大不大？像不像出自同一个时期？事实上，（丙）出土于半坡遗址（4700BC—4000BC），（丁）出土于二里头遗址（3800BC—3500BC），两者相隔一千年左右，如果我们只看先民们表意的方式，时间的针脚似乎停滞了，并没有往前走。（当前有学者认为二里头遗址就是夏都斟鄩，我持保留态度，因为二里头没有出现**汉字体系**，它的历史没有被书写，而今见最早记载"斟鄩"的文献是战国中后期的《竹书纪年》。这也是历史学的困境之一，易证"有"而难证"无"。）

至此，我们可以作一小结：汉字体系的形成至少需要两个条件：一是语言、文化发展到相当的程度，形成了一些具有表意功能的符号；二是强有力的政治权威，确保意符在整个部族中通用，形成了汉字"再生产"的造字法则，并一代代传承下来。

最早完全符合以上两个条件的，就是我们的甲骨文。我们有明确系年的"历史"，也是从商开始的。

## （二）汉字体系的形成与发展

关于我们的汉字体系，大家比较熟悉的发展脉络是，从商时的甲骨文开始，发展到周时的金文，然后呢？秦统一六国，发展出了小篆？注意，在这一历史脉络中，存在着断裂、缺失的一环。这个问题由王国维在《战国时秦用籀文六国用古文说》一文中揭示，在战国时期，汉字的形体仍在不断地发展与变化，崤山以东的赵、魏、韩、燕、齐、楚六国，随着政治、经济、文化的剧变，所书写的文字与之前的金文相比，讹变极大。但是，这些地区的文字在秦始皇统一六国之后就消失在历史书写之中了！以至于司马迁跟着他老爹司马谈，在担任太史令期间阅览皇家图书馆的典籍，已经不认识战国时遗留的六国竹书上的文字了，反而在《史记》中把它们称为"古文"。因此，我们的汉字体系脉络当如下图所示：

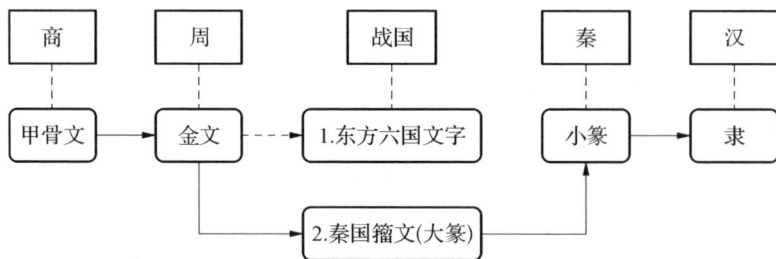

汉字体系脉络

那么，我们今天如何得知这一历史真相的呢？这要得益于"地不爱宝"（邢义田语）。近半个世纪以来，我们考古发现了大量战国竹书，它们主要是出自楚地（秦岭淮河以南、长江中下游），而在齐国、晋国等地却挖不到出土文献，这又是为什么？难道楚地文化更发达吗？事实上，这一现象与自然地理条件密切相关。楚地的地下处于恒温恒湿的状态，非常有利于竹简的保存。相比之下，黄河中下游地区的气候与土壤则对竹简很不友好。考古学家有句行话："干千年，湿万年，不干不湿就半年。"所谓"干千年"，我们早在一百年前，就在王维所谓的"属国过居延"发现了汉简；敦煌莫高窟中的敦煌遗书更为大家所熟悉，这就是西北地区长年干燥的缘故。至于楚地，今天我们能看到郭店简、包山简、上博简、清华简……战国文献重见天日，真是令人激动。再比如长沙马王堆汉墓，不仅出土了大量精美的帛书，而且还出了具有"中国特色"的尸体——软尸。据出土报告，当时人们打开棺材时，这位轪侯夫人的眼睫毛和皮肤上的血管都依然清晰可见。我至今犹记得，当年二十岁的我在洛师图书馆的样本库看到这些考古图片时的热血沸腾，我当时就决定，这辈子就研究这个领域了！最后再说说北方的竹书。《晋书·束皙传》里记载当时人们发现了汲冢古书，其中就有我们现在非常熟悉的《竹书纪年》。从战国到西晋，将近五百年的时间，可以说是北方竹书保存的极限了。

## 二、汉字体系的构造特点

关于汉字体系的构造特点，大家或多或少有所了解，比如有象形、形声等，这些特点最早由东汉人许慎的《说文解字》所总结。今天我们把这部书视为第一部系统描述汉字字形的字典，严谨地说，这部书在当时是一部解经学著作，旨在阐发"五经"中文字的文化内涵，因而对一些字的阐释并不符合文字学的义理。比如"武"，甲骨文写作"🩸"，上面是"戈"，武器，下面是"止"，象脚趾,本义是一个人扛着戈走在路上去打仗;而《说文》则解释为"止戈为武",意为能消弭战争者称为"武",如周武王、汉武帝,大家看,"止"本是象形文字,在许慎这里则类似于语法上的否定词,是抽象意义,如此就上升到政教文化的阐发了。再如"示",甲骨文最初写作"",在简写的基础上又增饰笔,写作"",本义为祭祀的神主;而《说文》则大肆发挥:"示,天垂象,见吉凶,所以示人也。从二,三垂,日、月、星也。观乎天文,以察时变,示神事也。"如此则破坏了该字的形体,将这个象形字拆解成了两部分,并将下面的"三垂"阐发为"日、月、星"。因此,我们在用这本书时,可以参考<u>季旭昇的《说文新证》</u>,也可以利用如今便捷的网络资源,在 <u>http://www.kaom.net/book_xungu.php</u> 网址上查索文字。

我们在指出《说文》的问题之余,更推重它在中国古典学术思想史中的价值:这部书在历史上首次对汉字体系进行了集大成的阐释,总结出汉字体系的四种构造特点与两种使用特点,是为"六书":

1. 象形:"象形者,画成其物,随体诘诎,日月是也。"即根据事物形体特征,画出事物的形体,记录语言中与它相应的词。如日、月、止、目、人、车等。

2. 指事:"指事者,视而可识,察而见意,上下是也。"即看到某个字的形体就能够辨识其大体,需要经过观察分析才可以领悟其意义。如木字,金文写作"",象形字;在"木"的下方加一点,强调它的根部,金文写作"",增加这一小点而创造了新文字,这一造字法就是"指事"。如果要表示〈树梢〉呢? 在"木"的上部点一点,这是什么字? 金文作"",这就是"末",我们说"本末倒置",就是从这两个字来的。如果在树的中间点一红点,这是什么字? "",小篆将这一点变作了横,最后隶变为我们今天的"朱"。"象形"与"指事"造的字都是独体字。

3. 会意:"会意者,比类合谊,以见指㧑,武信是也。"即把表示事类的字放在一起,并且把它们的意义合在一起,从而表示一个新意义。"武"字我们已讲过了，我们来看这个甲骨文"🐦"，大家看，鸟在树上，这是什么字？"集"；这个字到了西周，写作"🐦"，从隹从木；到了秦汉，写作"🐦"，隶变之后则简化为我们今天的"集"了。

4.形声："形声者，以事为名，取譬相成，江河是也。"即用表示事类的字作为意符，用在语言中接近于该词的声音的字作为声符，用声符配合意符而成，如江、河、杨、柳等。我们的文字有90%以上是以形声法造出来的，它与"会意"造的都是合体字。

5.转注："转注者，建类一首，同意相授，考老是也。"即先立共同的意类，再注上表义的字为其类之首以统一之，使这些字同受意于这个标首的字，考、老的关系就是这样。关于"转注"，由于许慎语焉不详，举例有限，当今学界仍在讨论，只好从略讲。我们需要注意的是，"转注"和"假借"是用字法，它们不造新字，而是用已有的字，使它具有新的字义。

6.假借："假借者，本无其字，依声托事，令长是也。"即对于某一个词义，本来没有表示它的字，找一个音同或音近的字用以寄托这个词的意义，由于这个音同或音近的字自有其词义，用到这里就是暂时"租借"。比如我们说，"王老师把祥哥dui了一顿"，我们都知道"dui"是什么意思，它比痛骂、暴打都要解恨过瘾，但是如果我们在文章里写这句话，这个字该怎么写？有人会不假思索地说："当然是'怼'啊！"大家去翻翻最新版的《现代汉语词典》，这个字念什么？念duì，而且只有一个词义，用于书面语，表示怨恨，这个字根本就没有我们认为的那个词义！大家明白了吗，这就是假借字！但文字的本质就是"用"，如果我们今后都用"怼"表示{duǐ}这个词义，很可能将来的《现代汉语词典》就会在"怼"字下增加这一音义。所谓"历史是人民创造的"，就是这个意思。

我们再举一例，今天我们说"你也如此，我也如此"的"也"，古人怎么说？"亦"，对吧？我们来看看它的甲骨文"🔣"，大家看像什么？这是指事字，一个人,强调他的什么?〔腋〕,对不对?这是"亦"的本义。但是古人在语言交流时,要表达{me too},就用"yì"这个语音,但一直没有相应的字,所以人们在书写时,就把"亦"借过来用了,因为"亦"和"腋"在上古都属于铎韵部,两字音同。结果,你用我用大家用,久借不还,人们遂为〔腋〕重新造了一个字,周人写作"夜",在"亦"的基础上增加了"月"这个部件,因为"月"也有〔肉〕义。结果,"夜"被{night}这个意思借走用了,又是久借不还,人们后来就再加个"月"字旁,这就是今天的"腋"。

裘锡圭先生在传统文字学的基础上,将汉字体系的构造要素总结为三:

**1. 表意**:字形本身跟所代表的词的意义有联系,跟词的语音没有联系,又叫意符。

**2. 记号**:与所表示的对象没有内在联系的硬性规定的符号,用作所有权的标记,或用来表示数量或其他意义。

**3. 表音**:借用某个字或某种事物的图形作为表音符号,来记录与这个字或这种事物的名称音同或音近的词,又叫音符。

随着历史的前行,汉字体系也不断调整、发展。比如"昱",本是{翼},假借为"翌",人们在书写的过程中为了把它和本字区别开来,给它增加了意符"日",写作"昱"。我再给大家展现个字,"鳳",大家看,这是什么?像鸟,很"华丽"的鸟,对不对?这就是"凤"!大家是不是有点纳闷,今天的汉字和甲骨文似乎没一点关联。我们要看它的繁体字,写作"鳳"。是不是有点像了?但好像多了个"几",这是怎么回事?"鳳"本是表意字,后来人们给它增加了音符"凡"("凡"在上古属于侵韵部,"凤"属谈韵,二字音近,到了中古,"凤"才演变出"ŋ"韵尾,接近我们今天的读音了),写作"鳳",随着汉字的隶变,"凡"到了"鳥"的上部,成为今天的样子。再举一例,"童",我们今天意为

{child}，它的构造特点呢？"立"和"里"似乎既不表意，也不表音，更非记号，这个字是怎么造的呢？这个字甲骨文写作"🦿"，上部其实是"辛"，意为{刑具}；下部是一只突出的侧目，象一个人跪着。"童"的本义为{僮}，小奴。周人接了商人的盘之后，特意给这个字标了个"音"，写作"🦿"，大家看看比原字多了个什么部件？"東"，上古时"東"和"童"属于同一韵部，它俩的声母则极其接近。到了秦人手里，这个字讹变成了"🦿"，象目的部件丢掉了，"東"保留了下来，成为我们今天"童"的原型。

很多人认为，汉字体系属于表意字，这一观点有失偏狭。通过上面的论述，我们看到，汉字体系的表达功能非常丰富，不仅具有视觉化的意符，而且具有大量经由人们约定俗成的音符，使得人们一看到文字，就能念出它的声音，以至于民谚有"认字认半边"之说。

## 三、汉字体系与书写、表意的关系及意义

我们已经了解了汉字体系的构造特点，不妨进一步思考，汉字在表意、记录的功能之外，还对我们产生了怎样的影响？

首先，汉字体系通过书写，得以保证国家政令的传播与推行，得以维系民族共同体乃至东亚诸民族之间的认同与交流。

自秦始皇建立大一统的郡县制帝国以来，在华夏大地上仍生活着众多部族，他们的语言甚至都不相通。秦汉王朝该如何治理如此幅员辽阔、文化多元的帝国？我们都知道汉字体系起了关键作用，可是怎么起作用的？即以楚国为例，自商周以来，淮河以南、长江中下游的楚地文化（以及吴、越文化）就与北方文化不同，语言、文字、生活习惯、思维方式完全自成体系。战国末期，秦人灭楚几费周折，耗倾国之力，楚人则视秦人为残暴的侵略者，直到秦统一全国，楚地仍流传着饱含"民族"仇恨的"楚虽三户，亡秦必楚"的民谚。秦朝该如何治理这片广袤的"蛮区"？我们难以想象，从关中平原出发、

里耶秦简

驾着马车载着行囊的小吏与士卒,他们迷失在雾气腾腾的丘陵、丛林、沼泽,终于到达了任职的县、乡,而面前则是两眼烧着怒火的楚民……借助于考古发掘,我们在湘西土家族苗族自治州龙山县里耶镇出土了里耶秦简,其中涵括户口、物产、土地开垦、田租赋税、劳役徭役、仓储钱粮、兵甲物资、道路里程、邮驿津渡管理、奴隶买卖、刑徒管理、祭祀先农以及教育、医药等相关政令和文书(见上图);在湖北荆州城外的江陵砖瓦厂出土了张家山汉简,有《历谱》《二年律令》《奏谳书》《脉书》《算数书》《盖庐》《引书》和遣策等,涉及汉代法律、军事、历法、医药、科技诸多方面。这些出土文献不仅清晰地向我们展示出秦汉帝国对楚地事无巨细的管控,而且也使我们明白,通过"以吏为师",楚民们学习篆、隶汉字,这一视觉的"教化"更为直接有效,在潜移默化中对他们进行治理与规训。

我们知道,汉文化在古典时期对周边国家产生了深远影响,西嶋定生提出了"汉字文化圈"的概念:迄汉以降,我们的文化渐渐传播到朝鲜、日本、马来西亚、越南和缅甸等地。尽管这些民族有着自家的语言,但他们都使用汉字书写。如此,汉字体系作为重要的媒介,促进了跨区域跨文化的交流和理解。今天我们在日本、韩国的大学、图书馆及其专门网站中能看到他们的古籍,几乎全都是汉籍,可见汉字体系在跨越语言障碍、传播文化的过程中扮演着重要的角色,将东亚、南亚不同的民族和地区勾连在一起。

我们来看一段材料:

> 宋雍熙元年,日本僧奝然与其徒五六人浮海而至,奉职贡,并献铜器十余事。奝然善隶书,不通华言,问其风土,但书以对,云:"其国中有五经书及佛经、《白居易集》七十卷。"(《元史·列传》卷二百八)

这段史料翔实地记载了日本僧人来中国交流的情形,他们怎么与国人交流的? 笔谈! 你写一句,他写一句,纸张传来传去。国人问奝然日本的风土人情,而奝然却对答日本常读常学的中国典籍,展现出奝然面对文化宗国、极力展现日本文化水平的意识。他先列五经,再列佛经,最后列文学典籍,这一文献等级也与我们一致。很有意思,日本人喜欢白居易诗而非我们最推重的杜甫诗,正是白诗浅显易懂的缘故。

我们再来看一段材料:

> ……(朝鲜)宣祖临行之教曰:"闻倭僧颇识字,琉球使者亦尝往来云。尔等若与之相值,有唱酬等事,则书法亦不宜示拙也。"(《使琉球录》)

这段史料发生于明万历十七年(1589),当时朝鲜自封为"小中华",认为自己是华夏文化的继承者。当朝鲜派遣使者前往日本时,他们采用了"倭"这一蔑称来称呼日本人,彰显出文化优越感。"唱酬"是我们古诗重要的社交功能之一,不仅能够传达诗人的情思,而且形成了一种才艺的切磋与较量。为了应对国际交流,朝鲜的宣祖特意嘱咐外交使者必须精通汉字书法,并能够精于作诗,以免失礼丢脸。这段史料展现出,朝、日等国也深受这一文化风气的熏染。

其次,我们想想,汉字的声音美和西方文字的美有何不同?西方文字(如英语、法语、西班牙语特别是意大利语)的声音美在于它们有丰富的元音,这使得它们在发声时可以拉长音节,从句的繁复使用又使得它们绵延悠长,非常适合歌唱。我们汉字的声音美呢?大家是否思考过这个问题?汉字是单音节的,大多数的字,都可以是一个词,乃至承担着几个词义,这一特质使得我们汉字的声音美是“大珠小珠落玉盘”,如此,再加上我们四声调的起伏跌宕,我们韵母的“开口呼”“齐口呼”和“撮口呼”,我们发出的声音就像一颗颗大小迥异的珍珠,他们参差错落地在玉盘上,叮叮当当,抑扬顿挫。

汉字还具有视觉的美,或者说,你看到它就会有触动。比如我们想表达内心中的一种愁,不是忧愁,不是哀愁,而是一种闲愁,百无聊赖时莫名的孤独、惆怅,如果我们用英文会怎么表达?我们用现代汉语呢?宋代词人贺铸在《青玉案》中写了这样三句:

> 一川烟草,满城风絮,梅子黄时雨。

这三句话短小、简洁,我们从语法的角度看,它没有主语,没有谓语,甚至没有一个动词,仅仅通过名词的堆叠,向我们展现出三幅图景。我们看着它、读着它,整个心绪就被带入水气浩渺、青草依依的河畔,暮春时节漫天柳絮或梧桐絮的那种隐隐的躁动,或是下个不停的淫雨,湿漉漉的空气中弥漫梅子的酸涩……此外,这样4/4/5的节奏(如果细分,则是2/2,2/2,2/3),这样的仄平平仄/仄平平仄/平仄平平仄的声调,微隐的情绪通过这一整饬而稍有变动的节奏、轻缓起伏的声调渗透进我们的情思之中。

最后,汉字的笔画、所含的部件也承载着丰富的文化内涵。从汉代以来,人们一方面熟习汉字、构建"六书"体系,一方面又丢掉这些原则、尝试对构成汉字的部件所蕴含的内涵进行文化阐释。上节所引《说文解字》的"示"就是一例,我们再来看两例,《春秋繁露》曰:

> 心止于一中者,谓之忠;持二中者,谓之患。患,人之中不一者也。不一者,故患之所由生也。

我们知道,"忠"是个形声字,而这里的解释则离析了"忠"的部件,阐发出内心、道德能够"守一""执中"的内涵,并且将"忠"和具有两个"中"的"患"进行对比,展开道德说教。

始建国元年(8),王莽篡汉,为了抹去刘氏政权的神圣性与权威性,下诏曰:

> 今百姓咸言皇天革汉而立新,废劉而兴王。夫"劉"之为字,"卯、金、刀"也。正月刚卯,金刀之利,皆不得行。……其去刚卯莫以为佩,除刀钱勿以为利,承顺天心,快百姓意。(《汉书·王莽传》)

服虔指出,"刚""卯"即"著革带佩之"物,"以正月卯日作佩之……或用玉,或用金,或用桃","金刀,莽所铸之钱也"。我们看到,"劉"字被拆解为三,与之相关联的刚卯、金刀均予废用,彰显出王莽企图将刘氏"五马分尸""斩草除根"的心态。

我们再放一张图片,早期道教文献《太平经》里的"複文",文字通过叠加、组合,从而获得了新生、具有了神秘的力量。

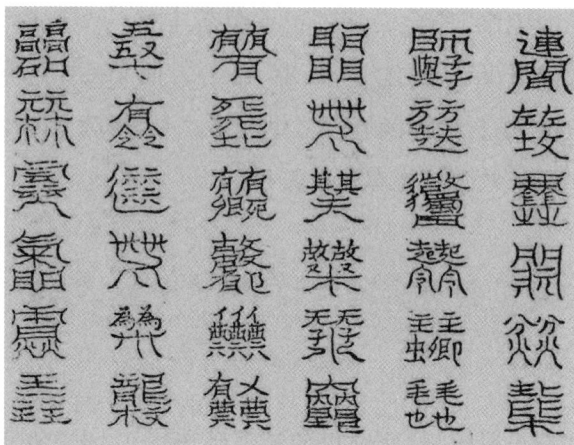

太平经·神祐复文

我们发现，类似的例子在生活中俯拾即是。比如著名贪官和珅，修建了一座豪宅，请纪昀为他题匾。纪昀欣然运笔，写下了"竹苞松茂"。这四字出自《诗经·小雅·斯干》："如竹苞矣，如松茂矣。"既用于庆贺新宅落成，也寄寓着家族兴盛的美好祝愿。当然，我们今天都知道，"竹苞"其实是骂和珅一家"个个艹包"。说到这里，我想到一件感伤的事，我孩子在出生前，我给起了个非常酷的名字，"不器"，这俩字出自《论语》，"君子不器"，我们总是祝福少年"早成大器"，或者安慰青年

《千与千寻》海报

"大器晚成"，这么着急干吗呢？能不能不成为"器"呢？一定要成为有用的人吗？当年《千与千寻》在日本上映时，宣传海报上的图画是千寻和她变成猪的父母，大家还记得汤婆婆的话吗？"不工作就会变成猪！"这就是日本盛行的工具主义价值观。在孔子看来，君子不应只追求有用，还要追求"道"，精神层面的充实与自足，是以"不器"。结果我爱人对此非常不满意，她说：

"这个'器'字太丑了！四个窟窿，中间还有个狗！"在此，我把这个名字无偿送给大家，也算做了件好事吧。

至此，我们不妨做一小结。我们的汉字体系不仅具有视觉之美、丰富的视觉想象，而且具有声音之美。人们看、抄汉字，语言、声音及其引起的回忆（个体的、共同的），映在脑海，勾连起我们这个民族的凝聚力。

# 四、早期文本的书写

本节涉及的内容其实与下一讲"国学经典的形成"更密切，但我们既然在本讲中谈到了汉字体系的特性、意义，不妨进而谈谈我们如何通过古老的汉字体系，考察当时的思想文化。

## （一）如何考察一个时段的思想文化——以商周为例

我们首先思考这个问题：假如要深入考察商周的历史、思想与文化，该从何着手？有同学说，上网搜！还真是，所谓"知之为知之，不知"——"不知为不知"吗？大家已经到本科阶段了，遇到不知道的问题就说"不知道"合适吗？所以，**不知"百度"知**。但是，网络上的词条都是当代人撰写的常识性质的信息，只能作为初步了解。我们可以根据该词条最下面的"征引文献"按图索骥，**研读今人论著，是进入一门学科、了解一件事物的起点**。

下面我们将以考察商周时段为例，愿大家能举一反三，知一通百。关于商周这一时段，我们可以研读：

①胡厚宣、胡振宇：《殷商史》，上海人民出版社；

②许倬云：《西周史》，三联书店；

③杨宽：《西周史》，上海人民出版社；按：以上三种书是通识类"教材"。建议大家准备个读书笔记本，认真做摘抄，好好体会作者是如何搭建框架的。

④陈梦家：《殷虚卜辞综述》，中华书局；按：以下三种书具有一定研读难

度(特别是这部厚重之著,依据千万片散碎的甲骨文材料,构建起坚实精细的商史巨厦),大家在研读的过程中,特别注意从书中学习前贤搜集资料、解读文本、研究问题的思路与方法。

⑤张光直:《中国青铜时代》,三联书店;按:张将考古学与人类学相结合,书中的诸多观点极具启发性。

⑥王国维:《观堂集林》,浙江教育出版社。按:这本书最难,我到读博期间才咬紧牙关硬着头皮通读一过。在此分享我的两位老师的读书法:朱熹教人读书,一书不毕,不读他书。张学锋教授指出,最有效的读书、学习方法,就是把一本书中的每一个字、每一条注释都读懂,作者所征引的论著,如能过眼一遍则更好。

在研读今人论著的过程中,我们不仅对商周有了大致的认识,而且也学到了前贤解读史料的方法。在此基础上,我们**更进一步,研读传世文献**。大致说来,有**一手资料**如《周易》,书中不仅有商人与周人的交往信息,而且有大量周人社会、风俗的材料;再如《尚书》,保存着商王、周王的演讲稿;《诗经》就更不必说了……**二手资料**则是后世对当时的追述,如《论语》《左传》《礼记》、诸子文献等,这些文献距商周已数百年,其所书写的内容更多的是根据文中的语境而传述,难免带有构建的性质,我们在征引、考察的时候要细加甄别。即以《史记》而言,我们今天一说起西周灭亡的原因,就会提到"烽火戏诸侯",这就是司马迁在《周本纪》里讲的。可是我们仔细想想,西周有烽火台吗?只能是到了战国秦汉之际诸国修建长城才会出现的产物!司马迁想写出周幽王的荒淫无道、不得人心,因此根据他作为汉代人的想象给我们编了个故事!但这绝不意味着《史记》中关于商周的记载不可信,我们在第一讲里提过,王国维根据出土的甲骨卜辞印证了《殷本纪》中的记载非常准确,这就意味着,司马迁确实看到了很多我们看不到的史料,将之熔铸进《史记》之中。

我们在研读相关传世文献的基础上,**进而研究出土遗物**。这是"研究三步走"中最难、最深的一步。大家注意到,我用的不是"文物"而是"遗物",因为后者涵盖的范围更广,比如我们今天在稿纸背面默写公式,写完了就扔掉了,如今有一些出土的甲骨、竹简、钞本就是这样的材料,对于我们了解古人的思想至关重要。与司马迁(们)相比,如今我们能看到的甲骨有十五万片,含有铭文的青铜器近两万件,与之相关的遗址、墓葬、遗物数不胜数。面对如此丰赡的出土材料,我们尤需具备基本的古文字学、考古学、人类学、社会学常识。

以上是"我们从何入手",接下来我们举一些例子,看看"如何下手"。

## (二) 从占卜技术、始祖神话看商、周人的思维差异

商王、周王最重视什么?"上帝"(大家不要见到这个词就想到西方宗教里的 God,事实上,明清时传教士来到中国,将《圣经》翻译成中文,为了使国人接受,他们从《诗经》《尚书》中找到了我们古老的"上帝"一词)。为了在恶劣的自然环境中生存下来,为了使部族不断壮大、昌盛,就必须要讨好上天那个至尊的神,就必须卜测、破译上帝给人们降下的预兆,商人、周人因而发展出了**占卜**与**祭祀**,并因其代表了当时最先进、最具特色的技术而被后世称为"青铜时代"。

我们先从占卜讲起。众所周知,商人使用动物的肩胛骨特别是龟甲占卜,这一方式广泛地辐射到黄河中下游地区,形成了我们独一无二的文化。根据考古成果,我们了解到,商人用的龟甲的来源,远远超出了黄河流域,由此可见商人政治、文化的影响力。在占卜之前,商人要先在甲骨上凿坑,不能凿穿,也不能凿得太浅,这个坑由一个长条和半圆组成(见右图),长条的深槽是凿出来的,半圆形浅槽是钻出来的。然后,卜人灼烤这些坑槽,甲骨受热而产生裂纹。大家想想,

《甲骨文合集》12487
(考古资料数位典藏资料库)

卜人为何不凿个规则的形状,如圆形或矩形,为何要费如此周折凿个不规则形状?我个人揣测,只有这样,甲骨裂开的纹路才不可预测,这就是

"兆"——上帝给人们降下的旨意。接下来,卜人在甲骨的另一面刻上卜辞,如果后来应验了,这一兆象就作为该事类的样本保存下来,久而久之,一代代的卜人积累了成千上万的样本,渐渐地就会形成某一兆象应验与否的经验认知。大家感觉如何?是不是觉得古人好 low,净搞些迷信、巫术?但是大家想想看,古人在占卜过程中展现的实验思维,与现代医学研制疫苗的思路有何区别?**所谓"科学",实为时代"巫术"。**我这么说绝非贬低科学的价值,而是揭示出科学具有历史性。我们试想,两千年之后的人们如果看到我们这个时代在山上搞一个像锅一样的东西来回转着预测天气,他们会觉得我们的雷达是"科学"吗?我们只有摒弃掉现代带给我们的优越感,才能更好地进入古人的思想世界。我再补充一点,大家不要觉得这一套流程很简易,我在读本科时曾在洛水边捡到过一只死去的乌龟,尝试使用商人的物质技术拿它来占卜,结果单是清理龟甲就花了我好多精力,腥臭无比!我后来把它晾在窗台外的铁栏上,整整过了——我忘了过了多久,至少一年半载的风吹日晒,才将它的腐臭味散发掉。接着我又花了好大功夫磨尖石头,刻字非常难,因为龟甲上有一层膜,最后的结局是:大力出不了奇迹,只能出现裂纹。

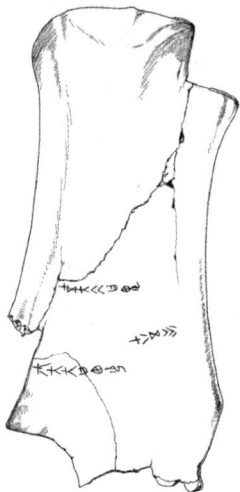

四盘磨卜骨

商人在强盛之时,文化向外辐射,这就是我们今天在周原发现大量甲骨的原因。但是周人也渐渐发展出自家的占卜技术:蓍占。我们虽无法还原具体的占筮方式,但可以推知,周人用蓍草经过一系列演算,最后得出六个数字,这就是"数字卦"。左图所示,是出土于殷墟四盘磨的卜骨,据李学勤先生推测,这出自周人之手,卜骨上从上而下刻着"七五七六六六""八六六五八七""七八七六七六"三个卦画。

大家根据上文思考一下,商人和周人在占卜技术中展现的思维方式有何不同?①在操作上,龟卜得出的兆象是不可预知的,而蓍占得出的数字则可以通过演算推知,更具有操作性,也更稳定;②与之相应,龟卜—兆象展现的是具象思维,卜人需对纷繁多变的一个个兆象进行解读,而蓍占—数字则是抽象思维,上帝的意志被化约为几个数字,它们组合、排列便能涵盖世界的万事万物。

我们再来看商、周的始祖神话。必须说,大家不要以为神话是假的,即便是谎话,里面都有真实的东西——是什么?是编造这个故事的思维与观念。举个例子,关于火的神话,古希腊是什么?普罗米修斯盗火,我们是"燧人氏钻木取火"。两个神话所展现的思维,前者是海盗式的,靠"聪明"投机取巧,道德?从哪个门进就从哪个门出来!后者则是推崇不带引号的聪明,凭靠自己发明了火。此中可见中西文化之差异(古希腊重商,是"交换"思维;我们重农,是"种瓜得瓜"思维)。再回到商、周,先民们在生产力达到一定程度时,都会思考"我们的祖先是谁""我们从何而来",这样的始祖神话不仅确立了先民们对世界秩序的认知,而且能够进一步维系部族的凝聚力。

商人编造的故事是:

> 天命玄鸟,降而生商。(《诗·商颂·玄鸟》)
>
> 殷契,母曰简狄,有娀氏之女。……三人行浴,见玄鸟堕其卵,简狄取吞之,因孕生契。(《史记·殷本纪》)

一天,有娀氏的女子简狄在洗澡,天上飞过一只"玄鸟"——燕子,我们知道,鸟类在高空飞行时偶尔会坠落排泄物,我在初中时就曾淋过鸟尿,如今谢顶很可能就拜其所赐,这让我们想起王小波在小说里写到的"王母娘娘倒马桶,指不定倒在谁头上"。但这只玄鸟由于受命于天,身负光荣而伟大的使命,因此它决不能从高空排泄,而是生了一个蛋,简狄一吃,就这么生了契,成了商人的祖先。

大家别着急惊讶,周人编造的故事也很有意思:

> 厥初生民，时维姜嫄。生民如何？克禋克祀，以弗无子。履帝武敏歆，攸介攸止，载震载夙。载生载育，时维后稷。
>
> 诞弥厥月，先生如达。不坼不副，无灾无害，以赫厥灵。上帝不宁，不康禋祀，居然生子。
>
> 诞置之隘巷，牛羊腓字之。诞置之平林，会伐平林。诞置之寒冰，鸟覆翼之。鸟乃去矣，后稷呱矣。实覃实訏，厥声载路。（《诗·大雅·生民》）

姜嫄一直想要孩子，因此向上帝禋祀。（这一祭祀方式延续至今，到了清明节，大家有没有见过路边画的圈？留个口，供祖先进来用飨，圈内烧纸钱、各种食物，一烧，没了，假想祖先收到了，这就是"禋"。）有一天她外出，看到了一个大脚印——这当然是上帝留下的，她就去踩了踩大拇指的那个坑，就像《千与千寻》里踩血脚印的胖老鼠，顿时心有所感，后来就怀孕了，这孩子生得健健康康，无比顺利——但是有个问题，这孩子怎么不会哭？莫非是充话费送的？不对啊，当时没有手机啊。那就是禋祀环节出问题了，得罪了上帝。因此，姜嫄就把这孩子扔到了偏僻的巷子里，结果牛羊都围过来喂他奶（有意思的是，罗马人的始祖也是动物哺乳养大的，但不是牛羊这样温顺的牲畜，而是狼）；于是把他丢到丛林里，结果正好赶上人们伐木，发现了他；这位老母亲真够狠，把他扔到了结冰的河面上，鸟们都围了过来，但在这远古羽绒服尚未发挥作用之前，鸟们也冻得受不了，纷纷飞走了。直到这时，稷做了一件彻底改变他的命运的事，当然也改变了周人的命运乃至华夏民族的命运——他哭了！

这首诗后面的情节也很精彩，推荐大家找原典读。幼儿期的稷像狗一样满地爬，向大人们示意哪个植物可以种出粮食来。到了秋天，周人实现了大丰收，这功劳，当然是上帝的，因此举行了非常隆重的祭祀，感激上帝对周人的庇佑。我们多讲几句，故事肯定是假的，但真实地展现出周人的集体记忆。据今考古成果，我们了解到，周人最初发迹于太行山西南麓，逐水草而居，我们看"姜"这个字，金文作"𦎫"，从"羊"从"女"，这个姓氏不仅展现出周人最早的游牧生活方式,而且透露出周人早期是母系社会这一信息,诗中姜嫄未婚而育,正符合母系社会生产力低下、急需人口增殖的需求。至于"稷",则展现出周人定居周原、开始农耕生活的历史图景。

商、周的始祖神话都展现出祖先是上帝命定的观念,但是两者的出生方式却不同,契是"卵生",稷是"感生"。前者是"输入—输出"的具象思维,必须得吃一个实打实的东西,才能生出一个孩子来;而后者则是更"高级"一点的抽象思维,只要心有所感,就能"造"出孩子来。大家有何感想?周人克商并不是一件偶然事件,两个部族的思维确实存在着差异。

### (三)甲骨文释读三例

至此,我们可以讲讲汉字体系形成后的文本了。假如我们生活在殷商,又恰巧是卜、史的后代,我们第一节课要学习的教材是什么?是这个:

| | | | | | | | | | | | | |
|---|---|---|---|---|---|---|---|---|---|---|---|---|
| 甲寅 | 甲辰 | 甲午 | 甲申 | 甲戌 | 甲子 | | 51 | 41 | 31 | 21 | 11 | 1 |
| 乙卯 | 乙巳 | 乙未 | 乙酉 | 乙亥 | 乙丑 | | 52 | 42 | 32 | 22 | 12 | 2 |
| 丙辰 | 丙午 | 丙申 | 丙戌 | 丙子 | 丙寅 | | 53 | 43 | 33 | 23 | 13 | 3 |
| 丁巳 | 丁未 | 丁酉 | 丁亥 | 丁丑 | 丁卯 | | 54 | 44 | 34 | 24 | 14 | 4 |
| 戊午 | 戊申 | 戊戌 | 戊子 | 戊寅 | 戊辰 | | 55 | 45 | 35 | 25 | 15 | 5 |
| 己未 | 己酉 | 己亥 | 己丑 | 己卯 | 己巳 | | 56 | 46 | 36 | 26 | 16 | 6 |
| 庚申 | 庚戌 | 庚子 | 庚寅 | 庚辰 | 庚午 | | 57 | 47 | 37 | 27 | 17 | 7 |
| 辛酉 | 辛亥 | 辛丑 | 辛卯 | 辛巳 | 辛未 | | 58 | 48 | 38 | 28 | 18 | 8 |
| 壬戌 | 壬子 | 壬寅 | 壬辰 | 壬午 | 壬申 | | 59 | 49 | 39 | 29 | 19 | 9 |
| 癸亥 | 癸丑 | 癸卯 | 癸巳 | 癸未 | 癸酉 | | 60 | 50 | 40 | 30 | 20 | 10 |

天干地支表

甲骨刻辞

该辞刻在牛骨上,非常精致,我附上一张最近在山东博物馆拍的照片,大家能想象得到吗?这满满当当的120个字,竟只有七八厘米!如果你握着石刃、骨刀在骨头上刻写3毫米的文字,就会明白如果没经过严格的训练,是无法做到的。这是**天干地支表**。由十天干(甲乙丙丁戊,己庚辛壬癸)和十二地支(子丑寅卯,辰巳午未,申酉戌亥)两两相配组成。我们今天习用的阿拉伯数字,要迟至六世纪才在印度西北部的旁遮普地区发明出来。殷商先民就用这六十个干支来计数,我们把六十岁生日叫"花甲",就是因为人生中再度迎来了出生时的那个干支。据考古成果,商人祭祀先公先王,便用天干表示他们的庙号,比如我们熟悉的纣王,庙号就是"帝辛"。干支表的顺序是从上到下,从右到左,这一书写与阅读的顺序成为我们古典时期的规则,直到二十世纪初受西方影响,才形成了今天的书写体例。我将该表隶定出来,大家可以一目了然,该表很像"音序查索表",每行都以天干统摄,转化成数字表格更能看得出它的便捷性。我一直在思考,为什么天干是10个,而地支是12个?是不是因为前者蕴含的五进制,可以用两手计数?而后者蕴含着六进制,是月亮历的产物,更便于农耕使用?10和12两个数字可以化约为5、4、3等基数,后来成为先民对世界万物进行分类、归纳、构序的重要基数,上文讲方术时已谈到,兹不赘述。

我们再来看一片,为了便于大家阅读,我标示出它的书写次第:

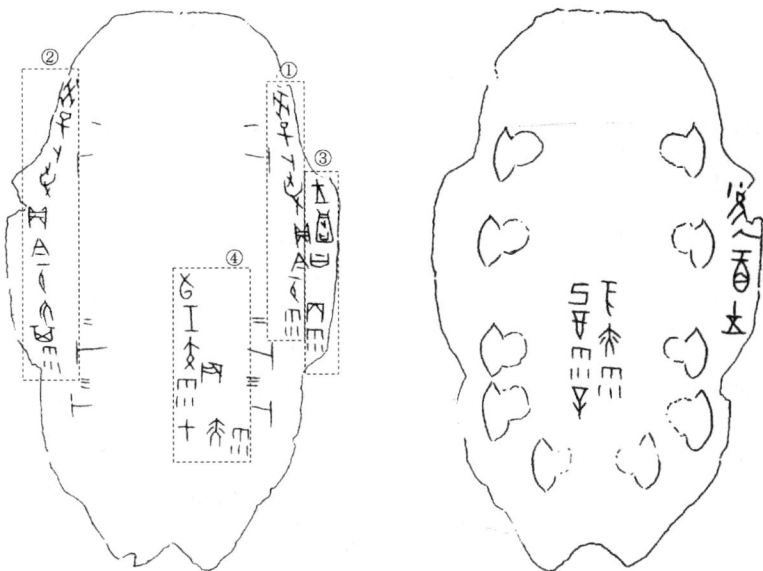

甲骨(一)

①癸巳,卜争贞:今一月雨?

"癸巳"是纪日,"卜"是官职,"争"是人名,按商人的书写体例,官名在人名前。董作宾先生将殷墟甲骨文的时代分为五期,"争"是武丁时期的卜人,据此可知这片卜辞属于第一期。这个"贞"(繁体作"貞"),其实是"鼎"(金文写作𪔅)的假借字,意为(向天)卜问。接下来便是卜测的内容:今年的一月下雨吗?

②癸巳,卜争贞:今年一月不其雨?

在这句话中,"其"是语气助词。大家可以很直观地看到,这两句话形成了正反问,分布在龟甲的两侧,平衡地记录上天赐予的两种可能性。

③王固曰:□丙雨。

大家对第二个像装进瓶子里的字很感兴趣吧？这个字后来写作"籀"zhòu，也是占卜的意思。由于商王觉得自己是 the son of God，天帝身边有自己的祖先伺候着，因而偶尔也会猜测一下天命。下文缺了一个字，但大意仍能看出来：逢丙那天将会下雨吧？这时我想请大家在上面的天干地支表里找找，癸巳这天占卜，此后逢丙的日子还有哪些？我们首先要想，"癸"是天干最后一个，所以从表格最下面找到"癸巳"，然后往左看与"丙"相关的数字，只有"丙申""丙午""丙辰"三个。在下文我们会看到，商王猜错了。

第四句，我先不出释文，大家能不能根据上面的干支表，释读出来是哪一天？壬寅。这两个字上面的那个像"彳"的字是什么？大家算一下，假如癸巳是第一天，那么壬寅是第几天？大家能否迅速地从干支表中查索到？第十天。古人把十天叫作什么？没错，第一个字是"旬"，这句话是：④旬壬寅雨，甲辰亦雨。

上图的右边是这片龟甲的背面拓片，我们不仅能清晰地看到当时钻凿的坑槽，而且发现在龟甲边沿上还刻了字：雀入二百五十。"雀"是殷商的附属方国，"入"是进贡之意，"二百五十"为贡纳龟甲的数量。

以上文字完整地展现出甲骨卜辞的结构：

1. 叙辞，记录占卜时间及卜者名字；

2. 命辞，卜问的内容；

3. 占辞，根据卜兆作出判断；

4. 验辞，记录占卜是否应验；

5. 署辞，记录龟甲来源。

大家进一步思考，一月份下不下雨，很重要吗？殷商的一月，相当于现在阳历的一月下旬或二月上旬，正值华北平原的春旱。"靠天吃饭"绝非否定、忽视劳动人民的成果，而是强调天灾如干旱、洪涝、蝗灾等自然灾祸对先民的生活造成的巨大破坏。在殷墟出土的十万多片甲骨中，有数千片与求雨或求雪有关。这片甲骨让我们真切地明白商人为何频繁地举办大型祭祀,动辄杀掉成百上千的牛羊与奴隶,反复占卜推测上帝的旨意。

　　我们再看这片:

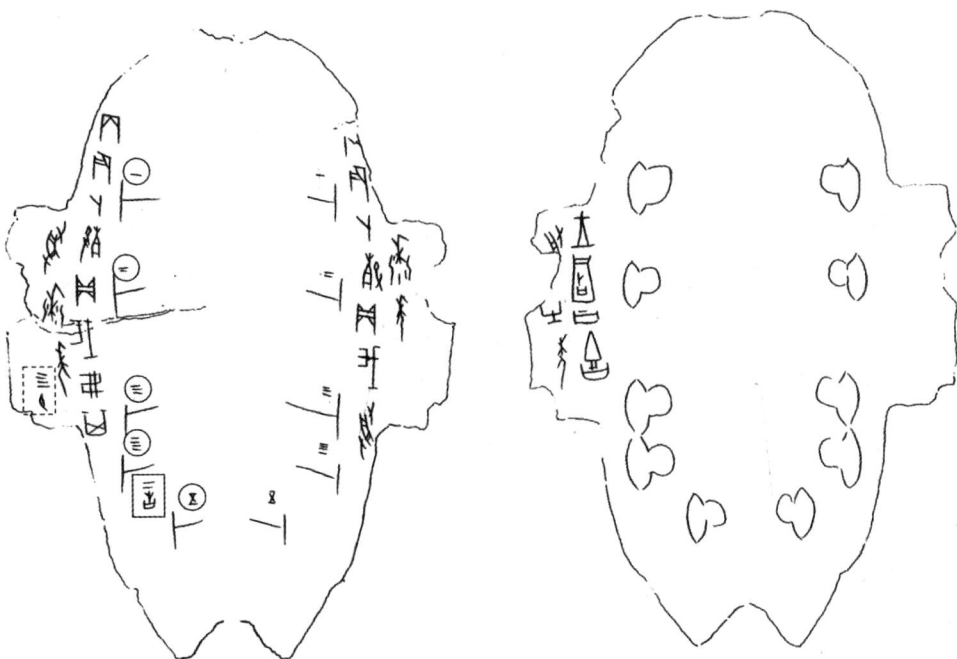

甲骨(二)

　　大家观察一下我在龟甲上圈出的文字,虚线矩形里的是"四月";实线圆圈里的是"一""二""三""四""五",这些字是什么意思? 列维-布留尔在《原始思维》里提出一个问题:假如我们的钥匙遗失在一片草丛中,我们不借助任何工具,该如何找到它? 先民的做法是,在脑中为这个草丛假想一个纵横分布的方格槽,然后依照假想的坐标逐一查找。图中的这些数字,就是商人为龟甲划定的"坐标",我们今天名曰"兆序"。大家对读它反面的坑槽就会发现,这些数字一一标示着坑槽经烧灼裂开的纹路。至于实线矩形里的字,是"二告",在占卜过程中,卜人觉得前次占问未能通达神灵,因而再行卜告。这片龟甲释读为:

丙辰，卜㱿贞：我受黍年？

丙辰，卜㱿贞：我弗其受黍年？

王固曰：吉，受业年。

"黍"是我们先民最早栽培的谷物，商人的主要粮食作物，《诗·周颂·良耜》就有"载筐及筥，其饟伊黍"的句子。"年"是收成。如此看来，这片是向上天卜问粮食收成。我们特别注意句子中的"受"，按常理，我们辛勤劳作，不该是"获"或"得"吗？"受"字形象地展现出商人对上天的毕恭毕敬、逆来顺受，不论你给我降下什么，我都只能接受。"业"意为"有"，"有年"就是得到好收成。

商人不仅卜问"我"，还卜问别的方国，如左侧这片，释读为：

甲骨（三）

甲午，卜宁贞：西土受年？

贞：西土不其受年？

宁音 bīn，也是武丁时期的卜人。"西土"在什么地方？很有可能就是周人的地盘。商人对西土是否受年的关心，像极了美国佬对其他国家是否有"人权"的"深切关注"。西土丰收，就意味着今年能向商人进贡大量的物资。这片卜辞向我们展现出商人与周边部族的密切关系。

最后，我们也看到，甲骨文已经形成稳定的语法、章句结构与叙事功能，但是对修辞手法的运用，要到周人强盛起来才出现。

## （四）金文释读二例

我们接下来读两片金文。大家先看右图，这是我们今天能看到的最早的西周青铜器。1976 年，考古人员在陕西临潼出土了这件近八公斤的器物，它的腹内底部铸有铭文四行三十二字，人们只读了前四个字，就激动万分，它们记录了我们中华民族的一件重大事件：武王征商。

利簋（中国国家博物馆藏）

为了便于大家更清楚地看懂释文，我借用了南大魏宜辉教授当年给我们上课时用的 PPT。我们把原本的金文转化成今天的写法，此之谓"隶定"；进而在括号里标示出该字用作的字（义）。

珷（武王）征商，佳（唯）甲子朝，歲鼎，克聞夙又商。（貞）（昏）（有）辛未，王才（在）闌自（師），易（賜）又（右）史利金，用乍（作）旜公寶䵼（尊）彝。

利簋铭文释读

首先，我们看到，时人给武王造了个专属字，以凸显他在周人心目中是Very Important Person；"武"是姬发的庙号，一般说来，君王死后才有庙号，而当时竟生称姬发的庙号。"隹"是"唯"的省写，发语词。"甲子"是纪日。"朝"是早晨。

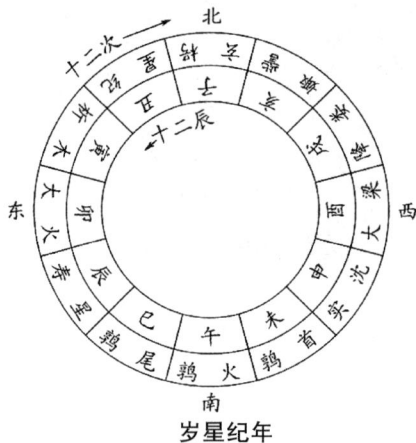

岁星纪年

"岁"即岁星，今称木星。时间这东西，看不见摸不着、周而复始，如何记录它的流逝呢？也即，如何将之视觉化？大家想想家里挂的时钟，不就把时间具象化了吗？古人也是如此，他们很早就认识到，岁星大约十二年在天上绕行一周，因此想象空中有个"表盘"（如左图），分为十二刻度，岁星就这么一格一格地走，人们为每一格起了名字。比如"武王征商"这事，传世文献《国语·周语下》就说"昔武王伐殷，**岁在鹑火**"。

这段铭文最重要的历史价值之一就在于，在"夏商周断代工程"的实施中，碳14测年专家用西周初年遗存中出土的炭样作了测年，给出武王伐纣之役发生在公元前1050—前1020年的年代范围；天文学家依据铭文中所记"甲子"日、岁星在中天的天象，参照《国语·周语下》的记载，计算出这一历史事件**在公元前1046年1月20日**，这就为商周两代的划分提供了重要依据。此外，这句铭文的记述与传世文献如《尚书·牧誓》"时甲子日昧爽（拂晓），王至于商郊牧野"相合，这也印证了传世文献的信实度。

那么，在甲子日这天早晨"岁贞"，是什么意思？目前学界仍有争议，一说"贞"是"正当"，"岁贞"就是岁星当空。我认为应结合下句，"克"是能够，"昏"是昏暮，"夙"是早晨，"能够只经一宿（这么短的时间）就拥有商"，这句话像预言，像岁星揭示的征兆，"以岁星占卜：能够……"。

最后一句："辛未，王在管师，赐右史利金，用作檀公宝尊彝。"到了辛未，第八天——可见这场战争是多么势如破竹，武王已经和他的部下来到了管师，这是殷商的宗庙大室，武王在此论功行赏。他赐予右史利的"金"并非黄金，而是铜，对于当时的贵族而言，他们最希望获得的就是上天、祖先对自己的庇佑，因此右史利将此铜熔铸为这一礼器，用来祭祀自己的祖先旝公。"彝"是时人对礼器的统称，今天我们称作"鼎""簋"是出于对器型分类的考虑。这篇铭文的内容简短、质朴，只具有基本的记叙功能。

我们再来看一篇铭文：

元年师兑簋（陕西历史博物馆藏）

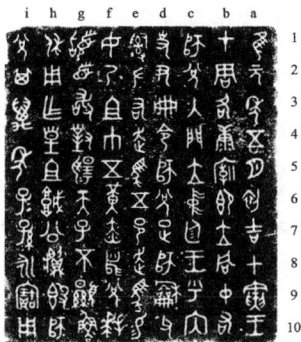

元年师兑簋铭文拓片

释文为：

a 佳（唯）元年五月初吉甲寅，王

b 才（在）周，各（格）康庙，即立（位）。同中（仲）右

c 师兑入门，立中廷（庭）。王乎（呼）内

d 史尹册令师兑："疋（胥）师龢父，

e 䶃（司）ナ（左）右走马、五邑走马，易（赐）

f 女（汝）乃且（祖）巿（绂）、五黄（珩）、赤舄。"

g 兑拜颔首："敢对䚄（扬）天子不（丕）显鲁

h 休，用乍（作）皇且（祖）城（城）公鬻（肆）殷（簋）。师

i 兑其万年子＝（子子）孙＝（孙孙）永宝用。"

这个簋的主人是兑,他的身份是"右师",古人以右为贵,他是周王的师傅(或师保),担任着教育、辅佐周王的职责。铭文中的"元年"是周孝王元年(前924),距离利簋已过了123年。大家可以一目了然地看出,转动的历史巨轮在"簋"这一器型上发生的变化,而且铭文的字数也增多了,笔画书写也更为整饬、圆润。在兑行将走完他的生命历程之际,他会永远铭记铸在这个簋上的事件:孝王即位,给他封赏。这是他一生中最为荣耀也最为欣慰的时刻,他陪伴着孝王长大成人、教给他六艺之学,看着他一步步走向王位,并给予自己莫大的荣光。

我们来看释文。(a)行是年、月、日,我们发现在"五月"和"甲寅"中间夹着"初吉",这个词是什么意思?该怎么解决这个问题?**从其他金文中寻绎文例**。在大多数金文的这一开头句式中,会嵌入"生霸""死霸",还有"灭霸"(开个玩笑),"哉/既、生/死、霸"这样的词,王国维在《观堂集林》中推论,这些词是对月相的描述。今天我们可以用"初一""十五"来形容月相,但周人的干支纪日却做不到,只好另造词来记录,"初吉"就是月初之相,上弦月。

孝王所在的"周"是今天的洛阳,武王克商之后,为了加强对黄河下游诸部族的统治,特在洛水北岸建城,故又称为"成周",与之相应,周人之前的都城叫"宗周"。"格"是至、到。"康庙"又叫"康宫",可能修建于昭王时期,到了孝王这代,已逐渐发展为一个极大的宗庙宫殿群区,具有祭祀、议事、册封等功能。在金文中,我们能读到"京宫"和"康宫"两大宗庙系统,"京宫"祭周太王到康王以前的王,"康宫"则祭康王以下诸王。

五月上旬的甲寅这天,孝王在康庙即位。我们或许期待着这篇铭文能记述当时的种种仪式,很可惜,这个簋的主人是兑,他只关注与他有关的事,这也提醒我们,**所谓"书写",有着鲜明的主体意识与视角**。在他的书写中,令他无比荣耀的是,孝王和他一起走进了大门,站在庭堂中间。以上算是第一节。

从(c)行后三字起,"王呼内史尹册令师兑",大家有疑问吗?为什么王不能直接册令师兑,必须让内史来?我们来看"册"的金文,象竹简编绳成册,这就是我们的文本的最早形态。如果用两手捧着简册呢?"𠔽",这就是"典",我们新中国有"开国大典",大家将来会有"新婚典礼",到了那天,你不可能亲自主持自己的婚礼吧? 在商周,史官担任书写、记录、主持典礼这些职责。《尚书》中有很多王的演讲,它们很可能出自史官之手。从这个层面讲,我们的历史、思想文化,是史官书写的。西方学者指出我们的文化本质是"史官文化",这是有一定道理的。

大家注意,册令的内容中有三个动词:①胥:辅佐,这可能是虚职、荣誉头衔,这位"师龢父"应该也是年高德劭的老贵族。②司:掌管,这个是实权,"走马"在上古文献中作"趣马","趣"是"趋"的意思,是为王掌马,"左右"在内朝,"五邑"当在外朝。这一职责属于"中士",但是深受君王的信任与器重。③赐:奖赏。正如上文所说,这些贵族什么都不稀罕,只看重上天和祖先的眷顾,因此孝王的赏赐都是给兑的祖先,"汝"是"你","乃祖"是"远祖"。赏赐之物有三,一是"绂",这是一套等级很高的礼服,穿在外面,长及膝盖;二是"五珩",这是用来系绂或玉饰的带子;三是"赤舄",绘有红色纹饰的木屐。大家可能会问,兑的祖先肯定已经去世多年了,怎么给他? 当然是在祭祀礼仪上烧给他嘛! 以上算是第二节。

接下来,兑要答谢了。(g)行的"拜頴首"是两个动作,"頴首"就是"稽首",《荀子·大略》:"平衡曰拜,下衡曰稽首。"郑玄认为:"稽首,拜头至地也……拜头至手,所谓拜手也。""拜"是跪而拱手,两手持平,头俯至手而不至地;"頴首"则是头至手而手至地,趴到地上了,这是大礼。接下来的这句有点长,"敢对扬天子丕显鲁休","敢"是谦辞,是"不敢",是"虽然不敢,仍然诚惶诚恐、毕恭毕敬",后面这八个字已是非常成熟的敬辞了,在早期金文中作"对王休"(大盂鼎)或"扬王休","对""扬"是答谢、称扬的意思,"休"是赏赐,《诗·大雅·江汉》"虎拜稽首,对扬王休"便是此意。"丕",大。鲁,嘉美,《史记·周本纪》作"鲁天子之命",《鲁周公世家》作"嘉天子命","鲁"又通"旅",二字在上古都是来母鱼部,《尚书·序》作"旅天子之命"。整个句子可参考《左传·僖公二十八年》"重耳敢拜稽首,奉扬天子之丕显休命",意为"对扬天子的丕显鲁休",即:答谢称颂天子辉煌而嘉美的赏赐。

(h)行以下,"皇"是祖先的美称,"肆"是陈列,这次赏赐应该也有铜,兑表示,要将它熔铸为簋,陈列起来祭奠自己的祖先。"其"是语气助词,"万年"形容永远。大家注意,在铭文中"子"(i5)和"孙"(i6)的下面有两点"=",这是重文符号,意为"子子孙孙"。以上算是第三节,兑的客套话。

最后我们还需指出,这两篇金文的主人"史"和"师"是西周政治文化的两个集团,学界又将前者称为"史巫",这一集团执掌占测之术、记录书写,"五经"中的《周易》《春秋》即出于此;后者又可称为"师傅""师保",就是《左传》中频频记载的贵族君子,儒家就出自这一集团,继承了《诗》、《书》、礼、乐的文教传统。大家对读以上两篇铭文,就会深切感受到,我们的语法、修辞、章法都在不断演进;将之与前面讲的卜辞对读,亦能看到商周语法的差异。我们最重要的"五经",就在这一演进中,慢慢形成了今天的模样,关于这部分内容,将在下一讲展开。

### 课后延伸

课前我们推荐了《文字学概要》作为学习古文字的教材,如果大家非科班出身,茕然走向古文字学领域,首先面临的困难就是**古音韵**,这是专门之学,多少清儒耗尽毕生的心力投入其中,才积累到今天的成果。说实话,我也只是略知皮毛,我建议大家通过电子资源了解上古音的通、转、押韵等问题,**备一本郭锡良的《汉字古音手册》当工具书**,便可粗略了解一些古字的通假。

我觉得最重要的还是读文本,首推商务印书馆的《**商周古文字读本**》,这本书编选的古文本由浅逐深,注释精详,如果你真心喜欢古文字,读起来绝不会感到无聊;如果你仍意犹未尽,推荐中西书局的《**出土文献与古文字教程**》,这是复旦大学的文字学大佬们编撰的研究生教材——你或许和我一样,都没本事考进复旦,但是我们都可以如在复旦修了这门课。其实,王国维那辈学人看不到如此丰富的古文字材料(更遑论教材),他们就是读许慎的**《说文解字》**,大家可找来中华书局的平装本临摹着玩,真的很有意思。

最后,推荐一本**冨谷至《文书行政的汉帝国》**,他的问题意识很鲜明:汉代如何统治如此庞大的多民族杂居的疆域呢?他通过研究出土的汉代简牍,深入剖析汉朝的文书行政体系及其运行机制,指出文书的"血管"功能,使得汉帝国得以延续了四百年之久。非常精彩的一本书,大家读了就知道。

# 第三讲

## 国学经典的形成——"五经"与孔子

### 课前导引

有一位"无中生友"问我:"我们最重要的经典是什么?"假如这位朋友拿枪顶着我脑门,只许我说一部,那我必须说:《十三经注疏》。这部经典从早期的**"五经"**到中古的"九经"乃至近世的"十三经",长期以学术意识形态的身份与地位影响中国古典时期的政治、社会,她不仅是中华文化几千年来"自然选择"的结晶,而且经由一代代第一流的学者的整理与阐释,凝聚着华夏民族的性格与灵魂。

本讲旨在与大家分享:我们的"五经"是如何形成的?这里面包含两个问题:①"五经"的成书情况;②它们何以成为"经",最终在汉武帝时期构建成了"五经"体系。关于前者,我们重点谈《易》《诗》,而略讲《书》《春秋》《礼》;关于后者,本讲重点谈"经典化"的过程:孔子及后来学人的相关讲习、整理与阐释。

如果大家想提前了解中国古书何以形成,古人如何在书写中构建起学术思想传统,推荐**李零**《**简帛古书与学术源流**》,既使大家延续上一讲,进一步了解先秦简帛的基本知识;也有助于大家学习这一讲,了解我们的典籍的分类情况,进而对"五经"的成书问题、"孔子"们的贡献有更明晰的认知。

# 一、《周易》的成书及其经典化

## （一）《周易》的大致情况

据我了解，大家对《周易》非常感兴趣，即便在科学昌明的今天，用《周易》算命、起名仍大有市场，我们这次争取把它讲明白。首先，我们需要了解《周易》的基础知识：

【阳爻、阴爻】《周易》由两部分组成，一是"卦"，二是"辞"。"阳爻"和"阴爻"是组成卦的基本符号，前者画作"—"，后者画作"--"。

【八卦】由三根爻组成，八种组合方法，如下：

1. ☰乾；2. ☷坤；3. ☳震；4. ☴巽；

5. ☵坎；6. ☲離；7. ☶艮；8. ☱兑。

后来，人们为这八个卦各赋予了一些象征内涵，如"乾"象天、刚健、龙，"巽"象风、木、顺等。

【六十四卦】八卦两相组合，能组成六十四个卦，如两个"乾"叠加，是为"六十四卦"中的乾卦䷀；上"艮"下"坎"，是为"六十四卦"中的蒙卦䷃。

【卦爻辞】上面都是"象"，这一部分是"文"。"六十四卦"中的每一卦，都配一句总辞，是为"卦辞"；每一爻都配一句辞，是为"爻辞"。"乾""坤"额外还多一句，其他六十二卦，各七条卦爻辞。

【《彖》《象》】在一些《周易》注本中，我们会发现，每句卦辞下会有"《彖》曰""《象》曰"，每句爻辞下也会有"《象》曰"，这些文字是战国秦汉之际的学人对《周易》的阐释，我们将在下文谈到。

乍一看，《周易》的结构清晰明了。事实上，《周易》的成书情况是"五经"中最难说清楚的，比如我问，先有八卦还是先有六十四卦？大家觉得纳闷吧，这是个问题吗？当然是先有基础的才有叠加的嘛。但是考古发现的"数字卦"让它成为一个问题。再比如,卦象与卦爻辞的关系是怎样的? 是不是先形成了卦象,再根据六爻逐一配以卦爻辞? 事实很可能并非如此。

导致以上问题变得错综复杂的原因有二:一是关于《周易》的传说太多,战国学人已经编造得很圆洽了,比如伏羲造八卦、文王拘羑里而演为六十四卦等等,这些传说深植于两千多年的集体记忆之中,已成为我们的"历史",我的种种推论、新说徒为"蚍蜉撼大树";二是相关的考古成果有限,不足以下定论。因此,我在下文的说法只是一种假说,希望有助于大家思考。

我们的假说基于以下史实:商人的政治影响造成了文化辐射,周人也使用商人的尖端技术——甲骨占卜,如今出土的大量周原甲骨即可印证。然而甲骨颇不易得,操作精细复杂,因此周人发明了更加简易的预测技术——蓍占,抓一把草数数。这样的占术,普通民众也可以使用。王侯们占测天气、战争、祭祀,民众们也可以占测与自己生活密切相关、贴"地气"的事,如"老树开花""夫妻反目""小狐狸过河"等。张政烺先生在《论易丛稿》中搜集了今见数字卦的材料,其中有一些刻在甲骨上(已见于第二讲第四节中的图片),这就像我们国内的肯德基做皮蛋瘦肉粥,周人在袭用商人的占卜技术之余,也塞进了自己的数字占。

今见的这些数字卦,绝大多数由六个数字叠加,极少数是由四个或三个数字组成,据张政烺先生统计的 32 条材料,数字出现的次数为:

| 数　字 | 一 | 二 | 三 | 四 | 五 | 六 | 七 | 八 |
|---|---|---|---|---|---|---|---|---|
| 出现次数 | 36 | 0 | 0 | 0 | 11 | 64 | 33 | 24 |

在占筮中,"六"出现得最多,"一"其次,没有"九",没有"二""三""四"(可能因为它们会与"一"混淆)。在这些含有数字卦的占卜材料中,没有卦名,没有我们今天在《周易》中看到的卦爻辞。我们由此获得的启发是:

①周人在运用数字占测时,占辞或为书写,或为口述(这个可能性更大),经过了数百年,积累了成百上千条;

②数字卦发展到战国，简化为了"一"（或"八"）和"六"，进而抽绎为"阳"与"阴"，如此，六十四卦的体系得以建立，人们进而抽绎出八个基础卦，为之赋予丰富的象征内涵；

③人们根据六十四卦（主题），整理占辞，就像为一盒长短不一、五颜六色的粉笔进行分类，人们将大致属于同一类的占辞归于这六十四卦之中，进而为每一爻分配占辞。

根据以上的假说与推论，我们能够合理地解释：

①为什么在上古文献中记载的一些卦爻辞不见于今本《周易》，比如《左传》载：

> 卜徒父筮之……"其卦遇《蛊》，曰：'千乘三去，三去之余，获其雄狐'"。（《左传·僖公十五年》）
>
> 史曰："吉。其卦遇《复》，曰：'南国蹙，射其元王，中厥目'"。（《左传·成公十六年》）

这两条占辞可能是口占，句式整饬，其中第一条的"去""余""狐"压鱼韵；由此可推测，直到春秋时期，《周易》的卦爻辞尚未完全定型，仍是一个"开放的文本"。

②为什么有很多卦的占辞整饬有序，如：

䷇比：吉，原筮，元永贞，无咎。不宁方来，后夫凶。

初六　有孚比之，无咎。有孚盈缶，终来有它，吉。

六二　比之自内，贞吉。

六三　比之匪人。

六四　外比之，贞吉。

九五　显比，王用三驱，失前禽，邑人不诫，吉。

上六　比之无首，凶。

在《周易》中，像这样卦爻辞紧扣卦题、结构整饬的案例非常多，显而易见经过了后来学人的整合与删修。

③为什么有些卦爻辞具有日常生活气息，可能出自普通民众之口，如：

《小畜》第三条：舆说辐，夫妻反目。按："舆"是车厢，"说"通"脱"，"辐"本作"輹"，是车舆下面固定车轴的部件，以此来比喻两性关系，非常形象贴切。如果我们联想一下，会发现"车"在文学中的意象总是与性有关：乐府诗《陌上桑》有"宁可共载否"，《东周列国志》中关于嫪毐的描写，《包法利夫人》中的马车车窗伸出爱玛撕碎信纸的手，披头士在专辑 *Rubber Soul* 里的第一首歌就唱"Baby you can drive my car"……

《大过》第五条：枯杨生华，老妇得其士夫，无咎无誉。按："华"就是今天的"花"，"士夫"是年轻的丈夫。这个比喻太妙了，今天我们仍在用。

《大壮》第六条：羝羊触藩，不能退，不能遂。无攸利，艰则吉。今译：公羊撞围栏，羊角卡在其中，不能退，不能进。下次大家在遇到进退两难的情况，就可以说"羝羊触藩"，多有画面感！

《中孚》第二条：鸣鹤在阴，其子和之；我有好爵，吾与尔靡之。按：这句爻辞与《诗·小雅·鹿鸣》中的"呦呦鹿鸣，食野之苹""我有旨酒，以燕乐嘉宾之心"的旨意、修辞一致，可见有些卦爻辞具有口头传唱的性质，并与《诗》的早期形态有密切的联系。

《未济》卦辞：亨。小狐汔济，濡其尾，无攸利。按："汔"读作"迄"，"汔济"，几乎就要过河了。"濡"，沾湿。大家看看这个比喻多妙，小狐狸就要游到对岸了，但尾巴湿了，没好处——会不会前功尽弃？《未济》是《周易》的最后一卦，《既济》是倒数第二卦——"既济"是已经渡过河的意思。大家想想，当时的整理者是不是把它俩的次序弄反了？为什么要把"已经渡过"放在"尚未渡过"之前？此中可见先民对生命的体悟，我们的人生不正是一次又一次地朝彼岸游去、一次次地因可望不可即而怅然若失？《未济》在最后，仿佛提醒我们，书已经结束了，但是人生仍未完结。

我们再度审视这些卦爻辞，它们由两部分组成：一是比喻，来自先民们的日常细琐；二是验辞，作一预测或评判。它们展现出感性、鲜活、质朴的风格，与商人肃穆简洁的甲骨卜辞截然不同。

细心的同学发现，我没有谈《连山》《归藏》，它俩不是与《周易》合称为"三易"吗？是谁告诉你的？最早提及的文献是《周礼》，成书于战国秦汉之际。不论是辑佚的还是出土的《连山》《归藏》文本，都大谈特谈"黄帝""神农"等等，我们已了解到，这些传说人物都是战国秦汉学人所建构的，因此可知，《连山》《归藏》可能是后来居上的文献。事实上，思想文化的"自然选择"把它们给淘汰了。但这些文献也提醒我们，《周易》只是商周时期纷繁多样的占书中的一种而已。

我们再举一个完整的卦尝尝：

　　▤　乾　元亨，利贞。
　　　　初九　潜龙勿用。
　　　　九二　见龙在田，利见大人。
　　　　九三　君子终日乾乾，夕惕若，厉无咎。
　　　　九四　或跃在渊，无咎。
　　　　九五　飞龙在天，利见大人。
　　　　上九　亢龙有悔。
　　　　用九　见群龙无首，吉。

这就是一个完整的卦的样子。大家注意到的"初九""九二"等词,应当是战国秦汉之际的学人为爻辞编定的"序号"(在《左传》的书写时期尚未出现),从"初"到"上"对应的是由下而上,"九"是对阳爻的描述,"六"则是阴爻。我们接着来看文辞。

"**乾**"本是"干湿"之"干"的繁体字,战国学人解释为"健"。"**元**"的本义是象人的头,在《周易》中是 best,头等的。"**亨**"是灵通,可译作"通于神明",该字在《周易》的一些语境中作"享祀"的"享"用。"**元亨**"可译作"最通神明",如果译作"头等的享祀",也可以解释得通,享祀的目的仍是通于神明。"**利**"是有利,如果跟宾语,可译作"利于"。"**贞**"是占问。以上四字在《周易》中出现的频率很高,战国以来的学人阐发出非常丰富的思想,如《左传·襄公九年》载穆姜言:"元,体之长也;亨,嘉之会也;利,义之和也;贞,事之干也。体仁足以长人,嘉德足以合礼,利物足以和义,贞固足以干事。"至此,"元亨利贞"已经由阐发而成为道德体系了。

我们发现这些爻辞几乎都围绕一个主题:龙。龙是什么?我们没必要给出确切的答案。"龙"在这里是比喻,是象征,它从潜伏深渊到飞在天上,耐人寻味。冯友兰说《周易》是"宇宙代数学",指的就是一些卦爻辞运用了比拟手法,具有广阔的解释空间。如此集中的主题、循序渐进的结构,必经由学人们的精心整理。

**初九**,"潜龙"是潜在水下的龙。"用"是《周易》中出现频率极高的术语,表示对选择某一行动的肯定(如"用""利用")或否定("勿用"),这句可译作:像潜伏水下的龙,什么都不(要)做。**九二**,在田野中看到龙,(这象征着)利于见到大人。这里的"大人"相当于今天我们说的"贵人"。**九三**,"终日"指整个白天,"乾乾"即健健;"夕"承上省"终"字,指彻夜。"惕",警惕。"若",代词,……的样子。"厉"是凶险,"咎"是交厄运、有祸殃。整句可译作:君子终日自强刚健,彻夜保持警惕,虽有凶险,却无大祸。这一观念在当时非常盛行,《诗·大雅》的《烝民》和《韩奕》就有"夙夜匪懈"。**九四**,"或"是有时,这句是时而跃一下,露个脸,与"潜龙在渊"相呼应。**九五,飞龙在天。上九,**"亢",极高。"悔"是后悔、悔恨。这句承上句,龙飞得太高,难免有悔。**用九,**即"通九",指该卦六爻皆九,这句话可能是战国学人增加的。这句话是说群龙上出云霄,见尾不见首,吉。

大家会不会觉得《周易》就这?好像很简单嘛。我们刚才说了,《乾》卦经过了精心整理,《周易》中更多的卦爻辞之间并无必然关联,甚至因缺乏语境而难以解读。限于篇幅,我们就品尝到在这里,作一小结:

在商周时种类繁多的民间占筮之中,"易"脱颖而出。"易",意为变易。它以简便的算法、丰富多样的占辞,尤其是"周人独创",一跃成为周人最主要的占法,也因而被称作"周易"。从占法到占筮之书,《周易》一直由史、巫所掌管,即以《左传》《国语》所见 16 例实际占筮作统计,史官专擅者计 13 例。我们推测,《周易》编简成书,可能也出自史官之手。然而正如我们在上文所见,《周易》只是一本占筮手册,其中并无深刻的内涵、隽永的意义,换句话说,它远远不能称得上"经典"。直到孔子及后来学人对它进行的整理、阐释,它才获得了新生。

## (二) 孔子与《周易》

在这一讲,我们会多次提到孔子。大家注意,此"孔子"并非真实活过的那个人,而是古人们画的那条"龙"(参见第一讲),是古代文献中记载的"集体记忆",他的真实身份是继承了贵族君子之学的早期儒家。

孔子对《周易》非常感兴趣,也研读该书,《论语》中有两条可印证:

①子曰:"加我数年,五十以学《易》,可以无大过矣。"(《论语·述而篇》)

②子曰:"南人有言曰:'人而无恒,不可以作巫医。'善夫!""不恒其德,或承之羞。"子曰:"不占而已矣。"(《论语·子路篇》)

第①条，"加"是增加，孔子说，让我多活几年，到五十了去学《易》，可以没有大的过失了。可见，孔子说这话时还未到五十岁，很可能是四十多，当时正在鲁国开班教学。孔子为什么要学《易》？为了"无大过"？为什么要到五十岁才学？之前学不行吗？孔子晚年说过，五十岁"知天命"，我们根据孔子在《论语》中谈到与"天""命""天命"有关的所有条目，发现孔子说的"知天命"是"知道天命（生死寿夭，穷达祸福）不可控驭这一事实"。既然命不可知，那么孔子学《易》并不是为了"算命"。在第②条中，孔子也明说了"不占"，我们来看看说这句话的语境：孔子先引用了南方人的一句话，"人如果没有恒心，不可以做巫医"，接着夸赞这句话说得好，怎么证明好呢？引用《周易·恒》的爻辞："如果不能持之以恒地操守德行，有可能会遭到羞辱。"最后总结以"不占而已矣"。可见，孔子学《易》的目的是**取义**，从中解读、阐释出道理、意义，至于占测之术，则被完全摒弃。

如我们上文所说，孔子并非一个人，他所继承的贵族君子群体对《周易》多持此见。《左传·僖公十五年》载，晋献公筮嫁伯姬于秦，史苏占之，事后，贵族韩简论曰：

> 龟，象也；筮，数也。物生而后有象，象而后有滋，滋而后有数。先君之败德，乃可数乎？史苏是占，勿从，何益？《诗》曰："下民之孽，匪降自天。僔沓背憎，职竞由人。"

在他的论述中，龟卜是"象"，筮占是"数"，象与数至为重要，由象滋生出数，有筮数方能成卦。但是韩简入室操戈，偷换了"数"的概念内涵，以先君败德不可胜数之"数"，置换掉了筮法中经占测推算而得出的筮数之"数"，并明确表现出对史苏占筮的反感（"勿从，何益"）。随后，他立刻回到君子的诗教传统中，引《诗》来捍卫自己的观点。这条史料不仅展现出贵族君子熟知史官的占卜之术，而且彰显出紧张的争衡关系。

马王堆汉墓帛书《要》篇载子贡责"夫子(孔子)老而好《易》",疑其近乎巫卜,孔子答曰:

> 《易》,我后其祝卜矣!我观其德义耳也。幽赞而达乎数,明数而达乎德,又□□者而义行之耳。[Ⅰ]赞而不达于数,则其为之巫;[Ⅱ]数而不达于德,则其为之史。史巫之筮,向之而未也,恃之而非也。……[Ⅲ]吾求其德而已,吾与史巫同涂而殊归者也。

这段出土文献太重要了,可见战国秦汉之际的学者对《周易》的观念。文中建构了易学的三个层次,从[Ⅰ]"幽赞"、[Ⅱ]"明数"到[Ⅲ]"达乎德",与此相应的"为之者"分别是[Ⅰ]巫、[Ⅱ]史和[Ⅲ]"孔子"。在此体系中,"德义"由"幽赞""明数"进而成为易学的最高境界。帛书作者一方面将出自儒家传统的"取义"置于史巫之学的最顶端,另一方面借此论述否定史巫之学,在文辞转换之间取代了史巫对《周易》的话语权。徐兴无师对此有精到的阐论:"因为'王者之迹熄',他所继承的以《诗》、《书》为代表的典籍与传统已经不能应付时代的变化,挽救日益崩溃的道德和文化秩序,他必须超越自己的身份,寻求新的文化资源来解决时代问题。"这里的"他"就是"孔子",说得直接点:战国学人。

战国学人整理、解读、阐发《周易》,形成了汉人统称为"**十翼**"的文献:①《系辞》上、下篇,围绕《周易》而阐发的论述;②《彖》上、下篇,阐释卦名、卦象、卦辞;③《象》上、下篇,又分"大象""小象",前者阐释卦象、"君子"引据的用处,后者阐释爻位、爻辞,如此算是四篇;④《文言》一篇,阐论乾、坤二卦;⑤《说卦》一篇,主要阐论八卦的象征、内涵;⑥《序卦》一篇,解释六十四卦为何如此序定;⑦《杂卦》一篇,将意义相对或相关的两卦放在一起,解释六十四卦的卦名。

这些文献将《周易》从一本占筮之书阐发为意蕴丰富、思想深刻的典籍,我们举两例尝尝：

䷟恒：亨。无咎。利贞。利有攸往。

《象》：雷风，恒。君子以立不易方。

《彖》："恒"，久也。刚上而柔下，雷风相与，巽而动，刚柔皆应，恒。"恒亨。无咎。利贞。"久于其道也。天地之道，恒久而不已也。"利有攸往"，终则有始也。日月得天而能久照，四时变化而能久成，圣人久于其道而天下化成，观其所恒，而天地万物之情可见矣。

我们看卦辞，亨通，无咎，利于占问，利于出行，基本上没有字面含义之外的深意。《象》则先描述卦象，该卦上震下巽，震象雷，巽象风，因而是"雷风"之象，紧接着阐发该卦对君子的指导意义："立不易方"，君子应久立于自己坚信的道义而不改易。这层意思，原文没有，是作《象》者赋予的。

至于《彖》，阐释得更为丰富深刻。先解释卦名，"恒"就是久。接着描述卦象，在战国学人的阐释系统中，震属刚、主动，巽属柔、主静，因而"刚上而柔下""巽而动""刚柔皆应"，这些文字对卦象的阐释更加精细，"刚柔""动静"是对世界的二分抽绎。然后，《彖》解释卦辞，大家注意，《彖》不解释卦辞的字面含义，而致力于阐发思想。比如针对前半句，谈到"天地之道"要在"恒久不已"；对于"利有攸往"则顺着说，既然利于出行，那么必有一终点，走到终点，则是下一段旅程的起始点，"终则有始"不仅揭示了"恒"的内在驱动力，而且展现出循环往复、生息不已的"天地之道"。在此基础上，作《彖》者进一步阐发，论及日月、四时乃至圣人，指出观"恒"可见"天地万物之情"，如此上升到对宇宙论的建构。

我们要举的另一例出自《系辞》，与筮法有关。大家先想一个问题，《周易》的占法在今天能不能复原？我不得不沮丧地说：不能。当今社会上形形色色的占卜之术，几乎都是对战国时期民间方术的传承，它们为了获得权威性与神圣性,披上了《周易》的外衣。据考古资料,战国秦汉之际盛行式占,成卦的方法极其简单,可以掷骰子(如王家台秦墓出土)、抛钱币。为了对抗风靡民间的纷杂占术,更为了融入当时流行的共同话语圈,学者们选择从原为筮书的《周易》入手,《系辞上》曰:

> 大衍之数五十,其用四十有九。分而为二以象两,挂一以象三,揲之以四以象四时,归奇于扐以象闰。五岁再闰,故再扐而后挂。天数五,地数五,五位相得而各有合。天数二十有五,地数三十,凡天地之数五十有五。此所以成变化而行鬼神也。《乾》之策二百一十有六,《坤》之策百四十有四,凡三百有六十,当期之日。二篇之策,万有一千五百二十,当万物之数也。是故四营而成《易》,十有八变而成卦,八卦而小成。引而伸之,触类而长之,天下之能事毕矣。

学界历来将这段材料视为"太卜之法",高亨先生对此有精密推演。我们来简单说说:

①"衍"就是"演",为什么是五十,历代学者聚讼不已,总之,拿50根竹策,取出一根,只用49根;

②将此49根随意分成两份,以此象征两仪,天地是也;

③从左边的竹策中取出1根,此之谓"挂"(以概率论,不管是从左边还是右边取出,性质都是一样的),如此,这49根就分成了三份,象征"三才":天、地、人;

④"揲"就是数,对两堆竹策("挂一"之后的48根)4根4根地数,以此象征四时;

⑤这样数下来,左边会有余数,或余1根,或2根,或3根,或4根,与之相应,右边余3根、2根、1根、4根,这就是"奇jī",把这些"奇"放在一旁,即是"归奇于扐",这一步骤象征着闰月;

⑥五年中会有两次闰月，因此要"再扐""后挂"，就是把"奇"放一边，将两堆竹策合并，重复④⑤步骤；

⑦"揲四""归奇"重复三次，将剩余的竹策除以4，会得到6、7、8、9四个数，6是老阴，8是少阴，9是老阳，7是少阳，这就推演出了一个卦的一根爻；

⑧将①到⑦步骤重复6遍，每一遍都有3次"揲四""归奇"，如此是18变，这就是"十有八变而成卦"。

大家感受下，怎么样？神奇不神奇？高级不高级？这是不是周人的占筮之法？根据上文对数字卦的讨论，我们当然知道：不是！所以这是什么？是战国秦汉之际的学人们借"筮法"的幌子建构宇宙论！

材料中先提出"大衍之数"，由此而"分二""挂三"，吸收了《老子》"道生一，一生二，二生三，三生万物"的大道生成的叙述模式。早期道论由"三"推衍出万物，《系辞》则在此基础上，将"揲四"（象四时）、"归扐"（以象闰）的操作融入年岁历法中。于是，一至五的基数从筮法中抽离出来，获得了天地岁时的神圣意义。通过推演这些数字，《系辞》从"天数五""地数五"中推出"成变化而行鬼神"的"天地之数"。在巨大的时空框架里，十个基数经由策数的经营、演算，进一步推出期年之日、万物之数。至此，成卦的推演已变为对宇宙万物衍生、发展的模拟。这正是战国学人的"新占术"，以此构建起道论体系与宇宙模型。

至此，我们看到，《周易》已渐渐脱离了原本的面貌，成为蕴含宇宙终极依据、包罗世界万象的"意义之典"。

# 二、《诗经》的成书及其经典化

## （一）从歌诗到《诗》

我们接着谈《诗经》。严格地说，"经"是到荀子以后、秦始皇立七十博士才贴到《诗》上的，此前人们径称为"诗"。那么，它是何以成书的？《诗》和《易》一样，历经了漫长的口头传诵时期；《诗》与《易》不同的是，它可以唱。你唱，我唱，农民、猎人、士兵、恋人或夫妻、城邦的公民、贵族、朝臣……人们所唱的歌诗的流传速度与广度，远远高于今天留下的其他几部经典。

我们抛开历代的经学诠释、历史文化层面的阐发，放下偏见、成见，细细品读流传下来的 305 篇《诗》的文本，会发现几千年前人们唱的歌和今天没太大区别：歌唱最多的当然是男女之情，每天活着的理由就是为了见到她的殷切、激动（《关雎》），可望而不可即、刻骨铭心的怅惘与执着（《蒹葭》），明明见到他却莫名不开心的闲愁与苦闷（《风雨》），稍纵即逝的欢愉之后的发誓、赌咒（《大车》），新婚燕尔的喜庆与憧憬（《桃夭》），婚后被庸琐日常磨平了激情之后的冷淡、负心与埋怨（《氓》），离散多年、深陷思念之中的焦灼与饥渴（《东山》）……吐槽、抱怨上司屁都懒得放，啥差事都使唤自己，像个被抽打的陀螺摸不到北（《北山》）；痛骂打小报告的同事的嘴就像簸箕，被老虎吃了都不解恨，骂了一通还说"我就是骂你了，老子坐不改名站不更姓叫老六"（《巷伯》）；国君也逃不掉，被比喻成大老鼠、癞蛤蟆（《硕鼠》《新台》）……此外还有军旅、农事、打猎、建工、宴饮、歌颂祖先等主题，内容赡富之极。

随着岁月流转，一些歌诗在传诵的过程中饱受欢迎、成为经典而被记载下来。就这样，它们慢慢地汇集成篇，越来越多。王室、诸侯也会保存、收录用于宴饮、祭祀场合的歌诗，**到了春秋中叶，"风""雅""颂"的音乐系统已定型，篇目可能仍是开放的状态**，会有新诗收进去，也会有一些不合时宜的诗篇被淘汰掉。

孔子 8 岁那年（544BC），据《左传》记载，吴国的公子季札访问鲁国，请求"观周乐"，依次听了《周南》《召南》《邶》《鄘》《卫》《王》《郑》《齐》《豳》《秦》《魏》《唐》《陈》《郐》《曹》，进而是《小雅》《大雅》《颂》，进而观舞《象箾》等六种。这条史料非常重要，当时的"歌单"次第（二"南"在前，"邶""鄘""卫"诸"风"次之，"雅""颂"继之）与我们今天读到的大体一致，这说明《诗》的结构、体系在当时已经成型。我们也看到，《诗》与乐的关系非常密切，季札说他想"观周乐"而非"观周《诗》"（当时鲁国的太史掌有《易》《象》《春秋》诸典籍供外宾参观），可见《诗》在春秋中后期的功能之一是演奏。陈致师伯有部奇思妙想的著作《从礼仪化到世俗化：〈诗经〉的形成》，认为"南""风""雅""颂"是乐器、音乐风格的分类。我们将这一观点限制在春秋时期是站得住的。《尚书》中较晚形成的篇章《尧典》曰："诗言志，歌永言，声依永，律和声。"正可见"诗"与"乐"是一体之两面。孔子在公元前484年"自卫反鲁，然后乐正，《雅》《颂》各得其所"，他所谓的"乐正"即"正乐"（动宾），厘定礼乐中所用《诗》篇的乐章，进而制定《雅》《颂》的体例，分辨其诗的礼仪功用，"《雅》归《雅》，《颂》归《颂》，各有适当的安置"。

"风""雅""颂"不仅是基于音乐方面的差异而做的分类，它们的内容、文辞乃至体现的等级也非常分明。我们今天读《诗》，能够清晰地感受到它们的语言风格："风"文辞通俗浅白，节奏明朗轻快；"雅""颂"文辞典雅华丽，节奏雍容舒缓。至于三者之间的等级，"颂"的绝大多数篇章用于宗庙祭祀、典礼场合，等级最高。其次是"雅"，大多数篇章出自德高位重的朝臣、贵族与官吏之手，"雅"即是"夏"，"夏言"就是周人的官话。有一种说法，周人打败了商人，但怀有文化自卑，因而构想了一个历史、思想、文化都比商悠久、高级的夏朝，遂称自己的土话是"雅（夏）言"。至于"风"，则是从诸侯国采集来的具有地域风情的歌谣，这就涉及著名的"采风"制度。

在历史上，周公姬旦曾先后施行过两次分封，第一次的直接原因就是武王死了，他的儿子成王齿龄尚幼，姬旦就把兄弟们——成王的叔叔们都分封出来，叔叔干掉侄子在政治史中很常见，我们读读《哈姆雷特》、想想燕王朱棣、看看《狮子王》就明白了。但这就更加激怒了姬旦（他行辈第四）的三哥管叔和五弟蔡叔（"为啥我不能辅佐？"），联合商王纣的儿子禄父发动叛乱。姬旦把他们痛捶了一顿，遂施行二次分封。说白了，就是大家都别在王城周边扎堆儿，家大业大，该建立"分公司"了，大家各带军队，到自己的封国发家致富去。我们无须讳言,这一拓疆过程势必伴随着对各地土著部族的杀戮、奴役与融合,但也由此确立了"中国"的区域与观念。**封建制的内核是宗法制,是治家的放大**。周王是大宗,诸侯是小宗。每年诸侯都带着土特产来朝见周王,周王设宴、赏赐,以维系情感。大家看看,这不就是延续至今的**过年**吗?在这一制度、习俗下,周王往各国派遣"行(háng)人之官",采集各国的歌诗、风谣。此之谓"采风",即十五"邦风"的由来。(据上博简,我们今天所习知的"国风"在战国时称作"邦风","邦"就是 city,更贴合当时的事实情况。但是为什么我们今天读到的是"国风"?下文会谈到,今传《诗经》是汉人"默写"出来的,很可能是避汉高祖刘邦的名讳。)

当今有学者质疑,采风制度真的施行过吗?相较于这个问题,早期儒家构建出这一制度的思想史意义更为重要。采风制完全符合西周的宗法-封建制的文化品性,在早期儒家看来,有了这一制度,很多诗篇都可以置于政教的诠释范畴中,从而具有了全新的文化价值。在封建制与采风制的语境中,我们就可以解释一些问题:比如为何没有"楚风"?因为周公的分封未及楚地,在当时,楚人的语言、生活风俗、思想文化自成一系,他们唱的是"楚辞"。为何"十五邦风"中无"鲁风"而有"鲁颂"?因为周公的政治贡献极大,他的儿子伯禽所分封的鲁国可享有与王室相同等级规格的礼乐典章。为何无"宋风"而有"商颂"?因为禄父被周公暴揍一顿后,周公在二次分封中将商朝遗民迁到了今天的商丘,建立宋国。商人与周人是不同的部族,他们有自己的祖先与祭祀传统,他们又曾是周人的老大,所以他们也不必采风,而有自己的"颂"。

正是由于早期儒家的阐释与构建,《诗》《书》成为蕴含周朝礼乐文化("先王之道")的重要典籍。在列入"五经"的前夜,《诗》《书》都遭到了致命的焚毁。我们在高中学过,秦始皇焚书坑儒,这是中华民族遭到的第一次文化浩劫,其实有一点过了,放大、夸张始皇罪过的正是方承秦制的汉人(至于汉朝繁荣富强起来,就不再把秦作为她取而代之的仇敌,而是直接绕过了

秦,宣扬"大汉继周",汉朝是中华悠久历史文化的继承者)。当我们回到历史现场,会发现情况是这样的:

秦始皇在咸阳宫召集七十博士,讨论今后的行政制度,我们知道,秦国至此已施行了百余年的郡县制,有一些博士则主张推行封建制,因为这是"先王之道"。李斯则上言,为了统一思想,推行郡县制,"臣请史官非秦记皆烧之。非博士官所职,天下敢有藏《诗》、《书》、百家语者,悉诣守尉杂烧之。有敢偶语《诗》《书》者弃市,以古非今者族"。

我们看到,所禁毁者有二:

①秦国以外的六国官修史书,此中可能会有关于秦国的负面书写,注意,是官修史书,不涉及民间传述;

②民间所藏《诗》、《书》、诸子百家书,也就是说,朝中博士藏书,不在禁毁范围;

③言谈中涉及《诗》《书》＝以古非今 → 族。李斯将此二事一并列入族灭这样的重罪,向我们展示出这次焚书的真实意图:扫除推行郡县制的思想、舆论"障碍"。

那么,问题来了,既然它们被禁毁了,我们今天读到的《诗》是谁传给我们的? 是秦博士传下来的吗? 自秦覆灭,众博士或散落民间,或死于非命,可能性很小。大家不要忘了《诗》的独特属性:它能唱,易于记诵! 秦火可以烧掉物质形态的竹书,但烧不掉在人们口耳唱诵了几百年的旋律与"歌词"! 自汉文帝解除文禁,朝廷立《诗经》博士,《诗》的文本就迅速恢复了。这就是上文所说,**我们今天读到的《诗经》,是汉人默写出来的**。古人写字,只要是音同、音近的字,都可通假拿来用(绝非一些老师讲的"通假字就是错别字"),《诗经》是默写出来的,因此文本中有大量的通假字。比如我们熟诵的"关关雎鸠,在河之洲"的"洲",在诗中的意思是河中的小岛。大家看,"水"的金文、篆字写作"〖〗","川"写作"〖〗",那么,河中的小岛,该怎么写? 金文写作"〖〗",篆字则写作"〖〗"。该字形象地展现出河中小岛,当年那个默写的哥们儿写到这,"在河之州"——咦,不对吧? "州"好像是帝国区域划分的单位吧? 于是他个大聪明,就画蛇添足地加了个水字旁,这就是我们今天看到的"洲"。

以上就是《诗》的成书情况,我们进而谈谈《诗》的经典化问题,它经过怎样的诠释与解读,成为政教经典。

### (二)早期儒家的《诗》教传统——孔子和弟子们是如何谈论《诗》的

早期儒家对于《诗》的经典化起着关键作用。简单地说,就是西周春秋时期的贵族君子阶层将《诗》、《书》、礼、乐作为教育子弟的文化资源。上古文献中的相关材料极多,我们信手拈一例:公元前 607 年,晋灵公那个混球顽童,因厨师没把熊掌炖熟而杀了他,贵族士季前来进谏。灵公怕挨训,刚见士季就说"我知道错了",但士季还是说了一堆道理来:

> 人谁无过? 过而能改,善莫大焉。《诗》曰:"靡不有初,鲜克有终。"夫如是,则能补过者鲜矣。君能有终,则社稷之固也,岂唯群臣赖之? 又曰"衮职有阙,惟仲山甫补之",能补过也。君能补过,衮不废矣。(《左传·宣公二年》)

士季先认可灵公的认错,紧接着便引《诗》来增强说服力。这句出自《大雅·荡》,"靡"的意思是无,"鲜"是少,"克"是能;大家做任何事,"无不有个开始、起点,但很少有人能坚持到底"。这个道理,我们今天也说"行百里者半九十",强调持恒、善终的品质。士季说,国君啊,你要是能坚持到底,那我们都要仰仗您依赖您啊! 这一层是鼓励。但他话头一转,又引了句诗,出自《大雅·烝民》,"衮职"就是国君的礼服,"阙"通"缺",国君的礼服破了,唯有仲山老爹能补好。仲山老爹是裁缝吗? 当然不是! 是重要的辅臣! 这里是比喻,他补的是国君的过错。最后士季顺着《诗》的道理往下说,您要是能改过,您的礼服就不会被废弃。话说到这儿就是警告了。

在这则材料中,我们清晰地看到士季对《诗》的谙熟,而且仿佛他不引《诗》句就无法往下说,这有点像我们写考场作文,写到最后总要引用个名人名言,比如"鲁迅曾说过"(鲁迅很生气:我从没说过!)。总之,在士季这里,《诗》的经典权威被转化成他的义理权威。看来在春秋时期的贵族君子眼中,《诗》不仅仅用于音乐表演,而且也是一部饱含道德、道理的思想典籍。

久而久之,《诗》的功能就从传情言志转变成了"兴观群怨"。孔子说:"小子何莫学夫《诗》?《诗》可以兴,可以观,可以群,可以怨。<u>迩之事父,远之事君。多识于鸟兽草木之名</u>。"在孔子看来,《诗》的功能非常丰富,可以用来:①感发思想情感;②观察社会;③处理人际关系;④表达怨愤不平;⑤近则用以侍奉父亲,远则用以事奉君主;⑥从中多了解一些鸟兽草木名称之类的知识。不仅如此,孔子还认为:"诵《诗》三百,授之以政,不达;使于四方,不能专对;虽多,亦奚以为?"言外之意,学《诗》还应具备⑦通晓政务和⑧根据外交的具体情况而随机应变地对答这两种能力。孔子的儿子孔鲤曾回忆老爹的教诲:

> (孔子)尝独立,鲤趋而过庭,曰:"学《诗》乎?"对曰:"未也。""不学《诗》,无以言。"鲤退而学《诗》。他日,又独立,鲤趋而过庭,曰:"学礼乎?"对曰:"未也。""不学礼,无以立。"鲤退而学礼。(《论语·季氏篇》)

孔子独自站在庭院里,孔鲤想溜过去,被叫住,问"学《诗》了没","不学《诗》,(在社会交往中)没法说话";"不学礼,就无法在社会上立身"。这两句话从侧面展示出,学《诗》是学礼的基础;《诗》与现实礼仪、为人处世关联在一起。

那么,当时的贵族君子如何学《诗》? 换句话说,孔子们(早期儒家)是如何教《诗》的? 孔子和弟子们如何谈论《诗》? 我们在前面说了,在传世的先

秦文献中,相关材料极多。限于篇幅,我们仅从《论语》中拎出三则尝尝。我们先来看这一则:

> 　　子夏问曰:"'巧笑倩兮,美目盼兮,素以为绚兮。'何谓也?"子曰:"绘事后素。"
>
> 　　曰:"礼后乎?"子曰:"起予者商也! 始可与言《诗》已矣。"(《论语·八佾篇》)

为了搞清楚孔子和子夏的解释义,我们需要先弄明白这句《诗》文的原义。这句出自《卫风·硕人》,描述并赞叹卫庄公夫人的美貌,"手如柔荑,肤如凝脂,领如蝤蛴,齿如瓠犀,螓首蛾眉,巧笑倩兮,美目盼兮"。这里是一连串比喻,夸卫夫人的手指像白茅草的芽,皮肤像冻结的脂油,脖子像天牛的幼虫那样洁白,牙齿像葫芦里的籽儿,脑门像蝉,眉毛像蛾(大家感觉这一串比喻怎么样,下饭不),笑的时候两颊出现酒窝,眼珠黑白分明,转动如秋水一泓,白色的衣裙上有彩色的纹饰。

子夏没问这一整章的意思,而是问最后三句话的意思,孔子的回答(或解释),不是这句话的字面含义,而是这句话蕴含的道理:先要有白色的底子,然后才能彩绘。也就是说,"素"是一种基本的品质,而"绘"是外在的表现,是锦上添花。子夏很聪明,不愧后来成为魏文侯的老师,立刻明白了老师从原文中抽绎的这个道理,举一反三说:"礼后乎?"这句话的句法结构和"绘事后素"是一致的,"绘"在"素"之后,那么"礼"在什么之后呢? 我们可以说,"礼乐的产生在仁义之后"。仁义是内核,是基础;礼乐是仁义的外在表现,是升华。如果内心不仁不义,再多的礼节都是表面文章,可谓"金玉其外,败絮其中"。这个回答让孔子很高兴,哎呀呀,子夏,你启发了我呀! 今后可以和你一起讨论《诗》了啊! 我们发现,子夏本来是讨论《诗》的,但他俩的关注点都从诗文原义转移到了道德阐发。

我们再来看一则他们引用《诗》文的案例：

> 子贡曰："贫而无谄，富而无骄，何如？"子曰："可也；未若贫而乐，富
> 而好礼者也。"
>
> 子贡曰："《诗》云'如切如磋，如琢如磨'，其斯之谓与？"子曰："赐
> 也，始可与言《诗》已矣，告诸往而知来者。"（《论语·学而篇》）

子贡是孔子的弟子中最著名的大富商，《史记·仲尼弟子列传》说他"与时转
货资……家累千金"，又是孔门四科里"言语"的代表人物，说明他精擅辞令，
口才很好，《货殖列传》说，"使孔子名布扬于天下者，子贡先后之也"，老师的
名声主要靠他宣传。所以，这位儒商之祖就很关心对待贫富的态度，他问老
师："贫穷时不谄媚，富有时不骄傲，这样行不行？"老师说："行！不过，这么
做还不够，不如贫穷时因坚守理想而快乐，富有时践行社会礼仪、热爱礼乐
文化。"

从上一章到这一章，我们注意到，孔子的教育真的是循循善诱，做加法。
这就好比今天有学生说，"老师，我上课不睡觉，不玩手机行不行"，行是行，
但这是做减法，仅能守住基本条例；老师当然要说，"但还不够，你还需要认
真听讲，积极做笔记"。因此，孔子的回答蕴含着精益求精的道理。子贡也
很聪明，立刻引用了《诗》里的一句话，这种无意识的引用，更能反映他对
《诗》的理解。我们来看，这句话出自《卫风·淇奥》：

> 瞻彼淇奥，绿竹猗猗。有匪君子，如切如磋，如琢如磨。瑟兮僩兮，
> 赫兮咺兮。有匪君子，终不可谖兮。
>
> 瞻彼淇奥，绿竹青青。有匪君子，充耳琇莹，会弁如星。瑟兮僩兮，
> 赫兮咺兮。有匪君子，终不可谖兮。
>
> 瞻彼淇奥，绿竹如箦。有匪君子，如金如锡，如圭如璧。宽兮绰兮，

猗重较兮。善戏谑兮,不为虐兮。

在整篇诗文的语境中,君子被比作玉器。事实上,"如切如磋,如琢如磨"就是上古时期制作玉器的步骤:

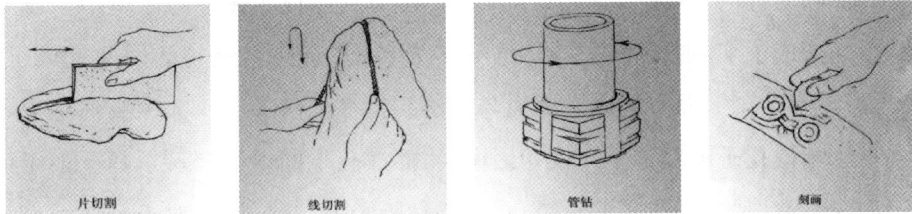

**上古时期制作玉器的步骤**

这是南京博物院玉琮展区的图片,先用细绳或锋利的石器"切"开玉料;然后磋边角,磋出大致的形状;继而就是"琢",可以是凿、钻孔,也可以是雕琢纹饰;最后进一步打磨,使之圆润。整个过程是越来越精细。但是子贡的引用,使得这句诗文脱离了原有的语境,再也不是说玉器了,而是用来比喻孔子所说的道德修养应当精益求精。这又使孔子大为激动,哎呀,赐啊,今后我也可以和你一起讨论《诗》了!

孔子及其弟子解释《诗》的方式是一以贯之的,我们来看一则孔子论《诗》的材料:

> 子曰:"《诗》三百,一言以蔽之,曰:'思无邪。'"(《论语·为政篇》)

这句话非常有名,大家非常熟悉。但请注意! 孔子悄悄改变了这句话的意思。我们还是先看原文:

> 驹驹牡马,在坰之野。……思无疆,思马斯臧。
> 驹驹牡马,在坰之野。……思无期,思马斯才。

驹驹牡马,在坰之野。……思无斁,思马斯作。

驹驹牡马,在坰之野。……思无邪,思马斯徂。

该篇出自《鲁颂》,在其语境中,"思"为祝辞,"无邪"与诗中的"无疆""无期""无斁"同为"没有尽止",整句意即"愿长久"。然而,在孔子的语境中,"思"从虚词变成了实词"思想","邪"也落实为名词"杂念",整句话因此变成了"思想没有杂念",原有的语义逻辑与语法结构被消解掉了。大家有何感想,会不会觉得孔子解释错了? 换句话说,我们被孔子的误解"骗"了两千多年! 正如我们常说的,小孩才看对错,我们要动脑子想想这件事,对于经典而言,本义重要,还是后来的解释义重要? 大家会不会觉得解释义好像更重要? 毕竟成了我们的集体记忆的一部分,正如卡夫卡的比喻:"豹闯入寺院中,把祭献的坛子一饮而空;这事一再发生;人们终于能够预先打算了,于是这成了宗教仪式的一个部分。"我们再修订一下,**本义和解释义,哪个进入历史(也就是被我们接受、传承),哪个重要**。

至此,我们可以做一小结:以孔子及其弟子为代表的早期儒家解释《诗》的方法是"断章取义"。首先是"断章",如齐国贵族庆舍指出:"赋《诗》断章,余取所求焉。"考诸《左传》《国语》诸文献,我们可以看到,不论是外交、宴饮场合还是就文阐说,贵族君子往往从经典中"断章"拈出词句。如此,抽出的"断章"脱离了原文语境,因而具有更广阔的解释空间和更广泛的价值、内涵。其次是"取义",为了阐发自家之说,解释者务于为"断章"赋予新的意蕴与价值,因而时或破坏"断章"原有的语义逻辑与语法结构,孟子叙述孔子对于《春秋》便是"其义则丘窃取之",马王堆帛书《要》则言孔子诵读《周易》志于"观其德义",都展现出儒家阐释经典的目标。

## 三、《书》《春秋》《礼》的成书情况

### （一）《尚书》

如果我们按照"五经"出现的时间排，《书》的书写年代与《易》《诗》大致相当，我们在第二讲中谈到元年师兑簋铭文，《书》的早期形态很可能就是那个样子，记事、记言，应该有相当数量的篇目。早期儒家从篇数繁多、内容丰富的《书》类文献中摘取出几十篇，大多数是王、贵族的言辞，形成了世人所谓的《尚书》。我们在上节讲到，经由李斯上焚书之策，民间所藏《诗》《书》都给烧掉了。但是假如你是个民间的《尚书》学者，你会乖乖地把书交出来吗？当时济南有个叫伏生（"生"是先生，尊称）的人，将家中的典籍封在墙壁里。直到汉文帝解除文禁，鼓励大家献书，他才锤开墙壁——然而，竹简在漫长的潮湿又昏黑的岁月中，遭到了腐蚀，《尚书》只剩二十八篇了，伏生也老了，已经九十多岁了。没错，你没看错。他就是余华那部小说的书名，《活着》，或许上天觉得中华文脉命不该绝，留他在世守传《尚书》。在汉代，像这样的国宝级学者，朝廷是要在车轮上绑蒲草（坐得舒服）迎进宫城的，但是伏生年纪太大，怕在路上把他颠散架了，于是文帝派晁错过去，跟伏生学，后来将他所传的二十八篇《尚书》录成汉人通行的隶书，立为学官，这就是经学史上的**《今文尚书》**。

汉武帝末年，鲁共王为了扩大宫室，拆除孔子住宅，没想到在墙壁里发现了一部用先秦的古文字书写的《尚书》，遂被称为**《古文尚书》**，并经孔安国博士之手转写成了隶书。这部《尚书》的最大优点，在于比伏生所传多了十六篇。当时朝廷已经有三家《今文尚书》的学官，由于他们的排挤，《古文尚书》始终没能立为学官，仅在民间传习，影响力很小。这就好比我们今天发现了一个古本，想跻进官方学会，这势必会占取他们既有的利益，大家觉得

他们会欣然接纳吗？到了东汉时期的大儒马融、郑玄等，也只是注解与《今文尚书》相应的二十八篇，至于多出的十六篇则不作训解，遂亡佚掉。大家觉得惋惜不？叹惜之余，有何思考？

事实上，南北朝以降，由于西晋永嘉之乱，也由于学术的剧变，不论是《今文尚书》还是《古文尚书》都失传了。我们今天读到的《尚书》，出自唐代孔颖达编撰的《尚书正义》，而这部书则出自东晋的梅赜。他向晋元帝献了一部号称孔安国得自孔壁后加以整理的"《孔传古文尚书》"五十八篇。大家看看，这部书简直不要太理想啊，弥补了我们对《尚书》残缺、亡佚的惋惜之情，又是"孔壁"又是"五十八篇"，这简直是"全家桶"啊！这部书在梁朝流行起来，学者们纷纷为之作注，火了起来，最终成为官方学术意识形态的定本。然而（关于《尚书》的故事，充满了转折点），近世学者经过考证，发现这部书多出的篇章是中古学者伪造的！

我们今天该如何看待这部"伪书"呢？首先，这个"伪古"，出自中古学者之手，也就是说，距离今天也有一千五百多年了，再伪也是货真价实的古书；其次，作假者的手段是如何蒙骗住当时的那些经学家呢？当然是从上古典籍中抄取，东拼西凑，就像我们今天在博物馆看到的新石器时期的陶器，70％是我们今天的白膏泥，但有30％是当时的原件，我们能说它是假的吗？要是没有那70％的白膏泥，怎能还原出它的原形呢？《尚书》的经典化历程本身就是件耐人寻味的事。

### （二）《春秋》与《春秋》三传

我们在上文谈到李斯主张"史官非秦记皆烧之"，可知先秦时期的诸侯国各有自家的史记。这一传统，也不妨从周公的二次分封说起（见本讲第二节）。古人不像我们有网络这样便捷的通信技术，他们怎么向亲属国传达国内发生的事呢？**周王向各诸侯国派遣史官，记录国内大事，并互相传递信息**。据《孟子》说，各国史册的名称还不一样（"晋之《乘》，楚之《梼杌》，鲁之

《春秋》，一也"）。比如《春秋·宣公二年》载"晋赵盾弑其君夷皋"，这就是晋国史官将此事件传报给周王室、各同姓国，由鲁国史官抄进了本国的《春秋》之中。这里我们要注意，晋国史官写"赵盾弑其君"，"其"是什么意思？指示代词，文中指"他的"，"赵盾杀了他的国君"，难道夷皋不是晋史的国君吗？还真不是，史官虽然到了各诸侯国，但仍然隶属于周天子。这就是为什么晋国史官籍谈跟着晋侯朝见周王、帮晋侯说情，周王骂他"数典忘祖"；这就是为什么卫国的史官柳庄死了，卫侯说他"非寡人之臣，社稷之臣也"；这就是为什么《孟子》说"《春秋》，天子之事也"。

我们想象一下，假如你是鲁国世代传袭的史官，按照上文所说的制度，这部书的起点从何开始？应该是周公的儿子伯禽始封于鲁吧？一直记到什么时候呢？当然是鲁国灭亡喽。但是从战国秦汉以来，人们看到的《春秋》一书，只记载了十二个国君，他们的庙号依次是：隐、桓、庄、闵、僖、文、宣、成、襄、昭、定、哀，这部书的年限是：鲁隐公元年（公元前 722 年）至鲁哀公十四年（公元前 481 年），汉代史家遂将这部书所涵盖的时间称为"春秋"（the Period of Chun Qiu，公元前 770 至公元前 476 年），也就是说，作为一部书的《春秋》，竟可以指涉、涵盖一个时代。

我们不禁发问：①是谁做了这项掐头去尾的整理工作？②为何要这么做（也就是为何要把鲁隐公元年作为《春秋》的起点）？我们先解答第二个问题，我们看隐公元年的全文：

> 春王正月。（春，周历正月。）
>
> 三月，公及邾仪父盟于蔑。（三月，隐公和邾仪父在蔑地会见。）
>
> 夏五月，郑伯克段于鄢。（夏五月，郑伯在鄢地打败了段。）
>
> 秋七月，天王使宰咺来归惠公、仲子之赗。（秋七月，周天子派遣宰咺来馈送惠公和仲子的丧仪。）
>
> 九月，及宋人盟于宿。（九月，和宋人在宿地会见。）

冬十有二月，祭伯来。公子益师卒。（冬十二月，祭伯来。公子益师卒。）

我特意把译文列在了右边，大家可读出什么来了？首先，我们发现，《春秋》**的书写具有封闭性**，这就像我们写私密日记，今天和某人吃饭，我们不必写此人的全名（甚至可以用绰号、字母替代），也无须交待此人和我的关系、为何要吃这顿饭、在哪吃饭、吃了什么。这些细节都储存在我们的记忆中，每当我们翻开日记，就会回想起来。这些信息，只有天知、地知、我知。史官就是如此代代传承着这一书写传统。其次，相对于忽视叙事的完整，这部书**特重天道的完整运转**，详细记录一年四季所在的月份。

我们不得不借《左传》的叙事，才得以了解《春秋》所记事件的始末。比如"郑伯克段于鄢"这条，郑伯是郑庄公，段是他的亲弟，母亲偏爱弟弟，屡次求国君，让段继承君位。这无疑违反了嫡长子即位制。庄公还是顺利地当上了国君，母亲又让他给弟弟种种的政治利益，比如给座城池这样的。有的大臣都忍不住了，来问庄公，老大，这国君你还当不当了？你要是不当，干脆给你弟弟好了。庄公装道："我母亲宠我弟，我有啥办法？不过，多行不义必自毙，你就等着瞧吧。"大家注意，这话里有话啊。没过多久，段与母亲私下联络好，半夜开启国都城门，攻打哥哥。他们没想到，庄公早就做好了准备，打败了弟弟，并且对母亲伤透了心，放了赌气话："不及黄泉，无相见也！"大家看看，这母亲不是称职的母亲（出于宠爱，竟唆使小儿子攻打大儿子），这哥哥不是合格的哥哥（弟弟骄奢，非但不管教，反而不怀好意地纵容），这弟弟也不是像样的弟弟（眼中只有权位，毫无骨肉之情）。

我们再看下一条，惠公是隐公的父亲，既然是隐公元年，那么惠公肯定是去世了嘛，仲子是惠公的夫人，"赗"相当于我们今天的"白礼"，助丧物品。惠公作为上一任鲁国国君，周天子肯定要派重臣来吊唁、慰问。相较于"郑伯克段于鄢"，这条好像没发生什么过分的事吧？等一下！仲子死了吗？大家想象一下,给逝者送赗是礼,但是给活人呢?我早上出门,发现家门口放着你们给我寄来的花圈,上面写着我的名字,并祝我"永垂不朽""千古流芳"……大家想明白了吗,仲子尚健在!但是周王觉得太麻烦,索性一趟把两人的赗礼都随了!"王室衰微"不仅仅是诸侯僭越所致,周王已没有天子的样子了!

　　关于这条,我们还可以再扩充一些故事。比如仲子("子"是宋国的姓,她行辈排第二,伯仲叔季,名曰"仲子"),本来并不是惠公的夫人,惠公眼见儿子隐公成年了,想给他娶个妻子,就迎了宋国国君的二女儿,结果——结果他把自己的儿媳妇儿变成了自己的夫人,并生了个儿子(姬允)。(纵观历史,但凡出现这样的乱伦状况,国家就要出问题了,大家想到了谁?唐玄宗与杨贵妃嘛!)隐公当了国君后,由于他母亲的地位不如仲子,便多次扬言,等弟弟允成年了,就把君位让给他。这时,有个大臣怂恿隐公杀掉弟弟,没想到隐公还真是讲道德的,不答应。这个大臣又怂恿允,干掉哥哥,当国君。允一听——好主意!他就是"隐桓庄闵"的桓公。大家觉得怎么样?刺激吗?还想继续看吗?后来,桓公娶了齐襄公的亲妹妹文姜。文姜这个女人,此前是不相信爱情的,自从嫁给桓公后,她"找到"了此生最爱的人——她的哥哥襄公!终于有一天,桓公发现自己的脑门有点绿,便怒斥妻子,文姜就给她的 lover 通信。没过多久,襄公请桓公吃饭,桓公一顿大吃大喝,觉得自己的面子也过得去了,心情愉快地上了回国的马车,忽然发现旁边有个人(大家想到影片《教父 I》最后卡洛的死了吗),那人是个力士,拥抱桓公,把他的肋骨都挤断了,桓公就这样死了。

　　限于篇幅,故事就讲到这里。我们可以推知,《春秋》之所以始于隐公元年,或许是因为这标志着礼坏乐崩的到来。上自周王,下至诸侯、贵族,伦理道德堕落至斯。但我们也要从另一面观照"礼坏乐崩",人们敢于正视自己的欲望,为了权力、爱情,甚至虚荣心,敢于挣脱上帝、祖先、鬼神的监视,在这一欲望的泛滥中,某种程度上展现出"人文"思想的觉醒。

那么，是谁做了这项掐头去尾的工作呢？战国学人把这项功绩归于孔子。孟子作为孔子的徒孙，就给太师爷打广告：

> 世衰道微，邪说暴行有作，臣弑其君者有之，子弑其父者有之。孔子惧，作《春秋》。《春秋》，天子之事也。是故孔子曰："知我者其惟《春秋》乎！罪我者其惟《春秋》乎！"（《孟子·滕文公下》）

这段话**首先**道出孔子"作《春秋》"的历史背景与撰作动机。据钱穆先生《国史大纲》的观点，西周镐京遭到犬戎袭击，实为申侯等人的政治阴谋，平王东迁之后，王室衰微，无力操持复杂的国际形势：楚国的日益强大与北侵的野心，杂居于郊野的土著部族与诸侯城邦之间的矛盾，权贵们伦理道德沦丧引发的政治混乱，具有雄心的诸侯僭越称霸……"孔子"当此时境，修撰《春秋》，这一行为仿佛具有评判人物的历史功过、阐发大义、为后人提供经验与教训的文化伟力。**其次**，"孔子"并非不知道，《春秋》本应是"天子之事"，周天子向各诸侯国派遣史官，专职记载王侯之事，而他却"僭越"了自己作为贵族君子的身份，以修撰的方式表达思想、阐发意义，因此他的"知我罪我"所传达的不自信，正是这一思想图景。

我们继续发问，孔子真的修过《春秋》吗？为何我们在《论语》中见他称引《诗》《书》乃至《易》，却从未征引甚至提及《春秋》一书？我们不妨反问一句，《论语》中未提及《春秋》，可以证明孔子未读过此书吗？在历史研究中，我们往往易证有而难证无。在《论语》中，我们读到了大量的孔子及其弟子讨论、言说春秋人物与时事的条目，这不正是孔子谈论《春秋》的最好证据吗？我们在此举一例：

> 子曰："孟之反不伐，奔而殿，将入门，策其马，曰：'非敢后也，马不进也。'"（《论语·雍也篇》）

孔子在此评说孟之反，不好自夸。有一次鲁国与齐国交战，鲁军败，逃往国都。当此危难之际，孟之反作为鲁国大夫殿后，将要进城门时非但不邀功，反而鞭打着马说："不是我敢殿后，是马不往前进啊。"这条后来被抄进了《左传·哀公十一年》之中。我们不妨说，孔子对《春秋》的"作"，大概只是掐头去尾、简单地整理。他更大的贡献，在于对春秋人物的叙说与评论，使得弟子、后学将《春秋》中简易、封闭的记载，丰富成一个又一个有头有尾、有寄托褒贬的故事，因此生成了《左传》《公羊传》《穀梁传》等传记。它们虽是比"经"低一级的"传"，但是《春秋》正是作为它们的"纲"、凭靠它们的叙事与论说成为"经"。

### （三）"《礼》"

在五经体系中，《礼》成书最晚。我之所以给它打上引号，是因为"礼"作为人类学、社会学范畴的言行规范，无须通过书籍这一载体来流传。大家想想，我们吃席、婚嫁、送礼、见长辈、参加丧礼（特别是在老家），有专门的书吗？是不是都是长辈们一代代言传身教？同理，在老规矩、旧习俗几乎被一扫而空的战国秦汉之际，儒家意识到，必须把老祖宗留下的"礼"记载下来，于是就有了《礼记》一书。当然还有一种说法，大家权当一乐，儒家在战国时期不大好找工作，毕竟那时墨家兴盛、黄老思想流行、纵横家大行其道，那怎么办呢？儒家就操办红、白事，渐渐就形成礼书中与婚、丧有关的条目。汉人所称的《仪礼》（或《礼经》）也与《礼记》类似。还有战国学人托古的《周礼》一书，体系博大精细。到了魏晋南北朝这个乱世，此三书成为"三《礼》"，备受士大夫研习。最后要说的是，《周礼》真伪自晚清民国以来多有争议，经章太炎、钱穆等学者考辨，张亚初、刘雨等学者比勘西周金文与《周礼》中的职官，指出"其书虽有为战国人主观构拟的成分，然其绝非全部向壁虚造，由于作者去西周尚不算太远，故书中为我们保存了许多宝贵的西周职官制度的史料"。

以上，我们就算把"五经"讲完了。我们看到，"五经"作为中华民族最古老也最重要的经典，她的成书历经了漫长的岁月，凝聚着一代代先民对世界、生活的认知与情感;正是以孔子为代表的早期儒家对"五经"的整理与阐释,使得"五经"成为具有道德、哲理的典籍,并促进了古代中国的"哲学突破",对此,我们将在下一讲详加论述。

## 课后延伸

说一千,道一万,不如桌前读原典。垂死病中惊坐起,今晚埋在五经里。大家听我吹了这么多一家之言,现在到了全部忘掉、自己读书、形成自家认知与思考的时候了。

1. 关于《周易》,可谓"五经"中最难读者,所以我讲得详细点。大家可以**先读黄寿祺、张善文《周易译注》中的"前言"和"读易要例"**,了解《周易》的基本常识。这是我大一时研读《周易》的入门书,通读了一遍,后来研读其他注本,才明白,当代注解《周易》的向度有二:一是重视义理的阐发与建构,这是哲学的路数,黄注是也;二是侧重考释《易》辞的原义,这是历史学的路数。我更倾向后者,因此推荐大家读以下二书:

**高亨《周易古经今注》**,这本书的前半部分是"《周易》古经通说",非常精彩,有助于大家进一步了解《周易》的基本知识与术语,当然,他把战国秦汉之际的《系辞》中的筮法视为周人占法,值得我们注意;后半部分训解诸卦,但大家要留意,高氏偶有强解、片面之处。

**李零《生死有命,富贵在天——〈周易〉的自然哲学》**,这是"我们的经典"系列丛书之一,李书的优点是文字通俗,思路明晰。但大家需注意,他一方面考释卦爻辞的原义,试图进入周人的语境;另一方面又依循战国秦汉学人《象》《象》中的爻位学说做解读——这就好比他在考古工地上,拿着晚期地层的文献解释早期地层的文物,大家读时一定要明辨才好。

2.《尚书》可读**顾迁译注**的中华书局橙色平装本。顾迁是我师兄,如今在苏州大学执教,他是我所见过的人文学者中最近古人风神者,读书精博善思,古琴水平极高,淡泊名利——大家是不是觉得我在水课,要肘击我?人如其书,大家读他的《尚书》注本便明白我的意思。是书的前言部分,将《尚书》错综复杂的历史讲得清晰扼要;译注清要,堪为《尚书校释译论》(顾颉刚、刘起釪撰)的简译本,非常适合初学;你读完这本,如果对《尚书》意犹未尽,顾师兄也开示了进一步研读的书目。

3. **程俊英《诗经译注》**,程先生早年从胡小石先生问学,按辈分,我应该称她一声"太师叔"。这本书是我在写本科毕论时通读的,每首诗前有"题解",注解详尽,译文清爽,适合初学。如果大家意犹未尽,可以读她与蒋见元共撰的《诗经注析》。《译注》是知其然,《注析》是知其所以然,将汉唐学人的阐发都罗列出来了,读此书,相当于了解《诗经》在后世的阐释。

4. **杨伯峻《春秋左传注》**,中华书局的黄皮精装本。杨伯峻是著名学者杨树达的侄子,民国时杨树达和黄侃彼此看不上眼,却命侄子跟着黄侃问学。每次侄子回家,杨树达必诘问,黄侃都教了你什么?然后猛批一顿。杨氏注书有三,《论语》《孟子》《左传》,第一本至今稍嫌过时,但书后有"《论语》词典",解析《论语》中关键词在不同语境中的词义,启慧后学;《左传注》则最为精良,至今仍无能超越者。读这本书稍微有点门槛,如果大家读得吃力,可以找来杨氏和徐提合撰的《白话左传》对读。如果大家精读此书——遇到不懂的词利用电子资源查索,不仅会在古文功底方面有所精进,而且可以由此进入春秋的历史世界。

5. **王文锦《礼记译解》**,版本同上。此书的注释极简,几乎全是注音,然后就是白话译文,入门最佳读物。大家需要注意,王氏将东汉经学大佬郑玄注解"三礼"的意思直接融入译文之中——也就是说,我们读到的是汉代学人对《礼记》的解释。如果大家想进一步了解礼学,可以读钱玄《三礼通论》,进而读《周礼》《仪礼》原典,此二书与《礼记》被合称为"三礼"。若想对原初的周人之礼有所了解,传世经典当以《春秋左传》为主,现代学人刘雨等人撰作的《西周金文官制研究》则结合金文对西周官制礼制有所考辨,也可以参看。

以上。

# 第四讲

# "哲学突破"——先秦诸子百家

## 课前导引

说到先秦诸子百家,我觉得最令人获益的论著当属**钱穆先生《先秦诸子系年**》,他通览、比勘先秦文献,考索先秦诸子行迹,看起来似乎是考据,实则揭示出诸子在学术思想方面的"对话",书中解读史料的思路、方法值得我们学习。但是这本书至今仅有繁体竖排本,怕是不易于初学。那么,大家可读钱氏的学生**余英时**所撰《**士与中国文化**》第一篇《**古代知识阶层的兴起与发展**》,较早地引介"哲学的突破"这一概念。此外,推荐大家读**陈来《古代宗教与伦理:儒家思想的根源》《古代思想文化的世界:春秋时代的宗教、伦理与社会思想》两书的引言部分**,如此可对诸子百家的"出场"背景有一大致了解。之所以只推荐读"引言",是因为陈来对上古史料的解读偶有偏颇、谬误,大家读多了就会发现,此二书都是很聪明的写法,引言是车轴,后面的各个章节都是辐条,这个比喻就说到这里吧。

在我读硕时,我导给我们推荐了两种西方汉学家的相关论著,一是[美]**史华慈《古代中国的思想世界**》,二是[英]**葛瑞汉《论道者:中国古代哲学论辩**》,都对先秦诸子百家的思想论辩展开了深入考察。前者的逻辑是孔子继承西周文化、思想并阐发出"通见"(vision),后来的诸子都对此提出自家的"问题意识"(problematique),展开回应与讨论;后者以"天-人"关系搭建先秦学人们的学术理路,分为"天命秩序的崩溃""从社会危机到形而上学危机：天人相分""天人分途""帝国及天人的再统一"四个版块。两部书难免有知识方面的谬误或疏忽，但为我们提供了"异域之眼"。由于它们深切关注古代中国的思想传统何以形成、展开，为何异于西方，命运何以如此，反而会提醒我们因想当然或当作常识而忽略的问题。

本讲要论述的是国学发展进程中的一个重要阶段——先秦诸子论衡。我借用海子《取火》中的一段富有诗意的文字：

> 水退了。平静地退了。世界像灭了火种的陶碗，湿冷而稳固。这时如果人们围成一团，他们将会缺少一个明显的中心。

在我们的语境中，"水退了"，象征着对世界古代文明产生重要影响的洪水神话传说时代过去了；"缺少一个中心"，意味着此时人类的智识就像在**茫茫黑夜漫游**（塞纳利小说名），对人生、世界的认知、解释十分有限。进入战国时期，政治变动剧烈，人们的观念也发生了"绝地天通"的裂变，诸子从孔子而出，为了应对时政尖锐的问题而纷纷著书立说，展开了广泛而深刻的辩论，以至于我们今天所思考的问题，几乎无一可跳出先秦诸子讨论的范畴。

我们这一讲的任务，就是复燃战国诸子围坐的篝火，回到黎明将临的那些夜晚。"围坐一团"的当然不只是儒、墨、道、法诸精英学人，筮者、日者、方士也掺杂其中，他们日夜漂泊在异乡者的大地上，疲累不堪，此刻唯愿取一份暖、讨一杯酒。倘若能复燃篝火，我们就能看到他们的面容，那些愤然、迟疑或坦然自若的神色，那些掺着骂骂咧咧的笑声与雄辩，回荡在久远的夜空，至今未绝。

# 一、古代中国的"哲学突破"与孔子

我们先引入一个概念："哲学突破"（Philosophy Breakthrough），出自帕森斯（Talcott Parsons，1902—1979）为韦伯（Max Weber，1864—1920）《宗教社会学》所写的引论：

> 在公元前第一个千纪（the first millennium B.C.）之内，"哲学的突破"以截然不同的方式分别发生在希腊、以色列、印度和中国等地，人对于宇宙、人生……的体认和思维都跳上了一个新的层次。

雅思贝尔斯（Karl Theodor Jaspers，1883—1969）在《历史的起源与目标》中进一步概括为"轴心突破"（Axial Breakthrough），他指出：

> 哲学家初次出现。人作为个人敢于依靠自己。中国的隐士与游士、印度的苦行者、希腊的哲学家、以色列的先知，无论彼此的信仰、思想内容与内在禀性的差异有多大，都属于同一类的人。人证明自己能够在内心中与整个宇宙相照映。他从自己的生命中发现了可以将自我提升到超乎个体和世界之上的内在根源。

如果说人类的智识在数万年前就像在漫长黑夜中蹒跚前行，那么，约在公元前一千年之内，中国、希腊、以色列、印度四大古代文明都先后各不相谋、方式各异地出现了"突破"，迎来了曙光。"哲学突破"扼要地勾勒出人类学术思想的发展图景：①它提示我们，以比较文化的视野可以更好地观照诸文明思想、学术的特性；②"突破"一词凸显出，各个文明中的哲人对以往思想文化实现了断崖式的超越。举例言之，同样处于人性欲望泛滥的历史语境中，古希腊的柏拉图、亚里士多德提出了"理型"（Idea），人比动物高贵之处在于人可以用理智控制自己的欲望；以色列的先知（Knowing）提出了"上帝意志"（the will of God），印度王子释迦牟尼发明了"彼岸"（faramita）、"涅槃"（nirvana），用宗教信仰为人们寻找救赎、解脱的出路。

至于古代中国的"哲学突破",正由孔子肇始其端。面对时代的剧变,他推崇的"仁"及其相关的一系列学说、思想,发现了人类的本性中存有道德的火种,通过修养、学习、践行,可以照亮我们的人性世界,正是对当时社会、文化、人性等问题的回应与超越。那么,为什么是孔子,而不是别人?难道孔子真的如古人所神化的那样,是上天命定的人(圣人)?事实上,中国古代文化经过漫长的发展、积淀,在春秋时期发生质变的飞跃,是历史的必然,只是偶然地通过孔子之口说出。(就像大家看到的这本书,并不是"王治洋"在说,而是此人所吸收的中国思想文化"在说"。)那么,孔子何以获得"讲述"的资格?

首先,钱穆先生指出,孔子的先祖是商代王室,武王伐商之后,将纣王的兄长微子启迁封至宋,遂从王降为侯;在代辈相传之间,又从国君的子嗣降为世卿;至于孔子的曾祖孔防叔,因畏宋卿华氏的迫害而避迁至鲁国,孔子的父亲叔梁纥任郰邑大夫,至此从世卿降为地方长官。孔子对古典文化的热爱、对礼乐浓厚的兴趣、对政治的热忱、对当时贵族道德堕落的忧愤,正是出于悠久的家世的传承与熏陶。

其次,孔子勤敏好学,得以深入了解、阐释中国文化。孔子自十五岁有志于学,终其一生都在践行这一志意。孔子学习的范围非常广泛,不仅谙熟《诗》《书》等当时贵族习诵的典籍,而且对史巫所掌的《周易》也颇感兴趣。孔子的学习方式绝非我们想当然的读书那么简单,他非常喜欢发问,在庙堂上,在日常生活中,在异国他乡,逢人就问,不懂就问,脸皮很厚,态度谦和。我们要知道,当时的文献极其有限,礼乐制度、古史传说往往保存在人们的记忆之中,经由口耳相传得以保全、传承。我们尤其需要重视的是,孔子特别善于自我省思,这一向内叩问、反思的修养方式,开启了人们"认识你自己"的对话之路。

最后,对于本讲最重要的一点,孔子开创私学,将本属于王官贵族的文化、学术延及平民社会,为后来诸子百家思想的绽放埋下了种子。孔子幼年丧父,少年丧母,生计一度陷入困顿,不得不从事一些诸如掌管仓库、畜牧之类的职务。孔子开创私学,与其说怀着"有教无类"的高尚理想,不如说出于迫于生计而为了"束脩"的切实考虑。他没有什么过人一等的手艺、技能,唯有满脑子的古典文化,这本为贵族君子所专属,孔子索性开个"君子培训班",但凡学成者,便有当官的机会。当时的"礼坏乐崩"造成了频繁的攻伐、竞争,贵族、大夫阶层的升降十分频繁、剧烈,因此使得一些本隶属于某个贵族君子的平民获得了一定的人身自由,"士"阶层由此发展起来,为孔子提供了很好的生源。当然,孔子是位了不起的老师,因材施教,对学生坦诚相待,该骂的骂,该夸的夸,"不愤不启,不悱不发",与学生朝夕相处,言传身教,培养了一批相当优秀的学生,使得他们身居权位的要津。如此,不仅极大程度激发了士阶层参政的积极性、文化自信与担当,而且为"哲学突破"提供了丰沃的思想土壤。

至此,我们可以进一步谈谈诸子百家的情况了。

# 二、诸子要义

如果说"孔子"促进了诸子的形成,那么战国(前475—前221年)的时代风气则影响了诸子思想的流变。大家想想看,史学家为何单独划出"战国"这一时期,它区别于春秋的特征是什么?我们知道,"田氏代齐"和"三家分晋"是战国时代的标志事件,两桩事为什么不可能在西周、春秋时期发生?因为彼时的国君与"天"具有血缘关系,而周天子与诸侯具有血统的宗法关联;至于战国时期,"天人"分离,有才干、权势、野心的政客不再敬畏与"天"密切相连的国君,敢于取而代之,维系了几百年之久的宗法制彻底崩溃了!由于周天子、诸侯靠"天"维系的政治合法性被消解掉了,国与国之间的战争就变成了兼并。时政剧变,人们的世界观也在变。大家读读战国文献就会发现,相较于孔子讲"天生德于予",荀子则讲"天道有常,不以尧存,不以桀亡";前者观念中的"天"是神,后者则是自然属性的"sky"。

与此相应,诸子在这两百多年来的思想论辩中也清晰地呈现出一条进路:(一)战国初期,越王灭吴,田氏代齐,三家分晋,旧式宗法封建国家转变为新式的军国,当此语境中,诸子延续孔子以来的学人对政治、社会的关注,思考如何治理国家,怎样让社会变好;(二)在探讨这些问题的过程中,诸子发现,关键在于"人",人变好了,社会就会变好,国家就会繁荣昌盛,那么,"人"是什么?人性是什么?是善还是恶?"性"是否由"命"决定?"命"又是什么?进一步发问:"性命"由何而生?"世界"的本原是什么?这些问题就从初期的具体主张进入形而上的终极思考层面;(三)到了战国中后期,随着民族交融的深化(如燕赵与北方草原部族、黄淮流域与长江中下游等)与诸子论辩的深入,学人之间谁也说服不了谁,好吧,我们暂搁争议,回到起点,一些学者开始思考"名"与"实"的关系,重新界定一些概念的内涵;还有一些学者开始关注语言、修辞,进入语言学的层面。我们要知道,在人类历史上,一个时期的思想进步,始终基于当时语言学的突破。诸子论衡正是沿着这一进路日益精深——然而,随着秦统一六国、"以吏为师",汉代建立起经学制度,诸子思辨的场域与方式都渐渐消失了。

至此,我们可以进一步谈谈诸子思想的要义及其流变了。钱穆先生曾驭繁就简,就此说过一段精简的文字;我们仿此形式,说三句话:

> **战国学术,惟儒墨二家;墨启于儒,儒原于君子,承史巫之学。孔墨之后,儒学有思孟、荀韩之分,道术有楚宋、齐燕之别。秦无学术,山东六国,齐出兵家,三晋多间,齐楚盛方技术数。**

## (一)儒墨

大家看,第一句里说的**"惟儒墨二家"**是什么意思?难道战国时期只有这两家吗？请大家思考，我们今天挂在嘴边的"道家""法家""纵横家"等等，这个"家"是什么意思？是一个个的人、类似英语中的"-er""-ist"吗？不是，而是"Scholar"，学派。那么，他们是什么时候被称为"某家"的？大家会不会觉得我问了个傻问题，难道不就是战国时期吗？不对，大家注意，（甲）诸子学说的出现、（乙）诸子学派的形成和（丙）诸子被称为"某家"，处于先后不同的历史时期，是三个层面的问题。遍检先秦文献，除了"儒家""墨家"，我们再也看不到第三"家"了，这意味着，在先秦学人的观念中只有"儒""墨"这两个旗帜鲜明的学派。儒家无须多言，都是孔门后学，这是一派；墨家从墨翟以来，渐渐形成了类似黑社会的帮派（这点我们下面再谈），因此战国学人也把他们看作一派。

那么，儒墨之外的"百家"呢？虽然战国时期他们的思想学说已经以竹书为载体而传播，但他们什么时候"成家"的？遍检典籍，《庄子·天下》是最早评议诸子的文献，这一篇的写作年代大概要到战国后期了，以"某某之徒"指称诸子学派；《荀子·非十二子》批评十二位学者，将他们归为"六说"；《韩非子·显学》《淮南子·要略》也涉及对诸子的评说：可见，到了战国秦汉之际，学人们开始有了总结诸子学术的意识。直到司马迁的父亲司马谈写《六家要旨》（今收在《史记·太史公自序》里面），首次以"家"命诸子，依次列出阴阳家、儒家、墨家、名家、法家、道家。到了西汉中后期，皇家图书馆馆长刘向、歆父子主持图书整理，分为"儒、道、阴阳、法、名、墨、纵横、杂、农与小说"十家。大家有点明白了吧？诸子的"成家"，其实是文献整理的产物。二司马、二刘看到的典籍不像我们今天这样有书名人名，他们看到的就是一卷卷长短不一的竹书，一上来就是正文，没有作者，也没有书名，当时的书写者或表示谦逊，或认为署自己的名字不会被世人重视，往往伪托以古人或名人之口来表达观点，如"黄帝曰""孔子曰"等，就像我们今天写文章，为了让自己表达的观点更具有权威性、说服力，我们该怎么办？有了，苏联著名学者沃·兹基硕德曾说过……我们再次回到二司马、二刘所处的语境，他们一卷一卷地阅读这些杂乱的竹书，但凡思想观点、修辞风格接近的，就归为一"类"，就像我们对长短不一、颜色各异的粉笔头进行分类一样（回想第三讲谈到的《周易》成书），这一盒叫"道家"，那一盒叫"法家"。周勋初先生就曾对我导师说：先秦的文献都是汉人整理的。这里的"整理"，包含着汉人的理解、构建。这么讲就深了，就此打住。

我们看下句，**"儒原于君子，承史巫之学"**。我们在上文已经谈论很多了，孔子们都是从贵族君子这个阶层中出来的，他们不仅从《诗》《书》礼乐中取资，也继承并超越了《周易》《春秋》等史巫所掌典籍蕴含的文化。

**"墨启于儒"**。孔子提倡"有教无类"，很多生活在社会底层的人也获得了受学的机会。这些人很可能是"黑户"，也可能刚出生没多久就失去了父母，在混乱的世道饥寒交迫、苟且存活，儒学思想与他们的观念格格不入，因此他们提出了一系列与之相悖的学说。儒家的核心观点是"仁（爱）"，墨家就提出"兼爱"。我们知道，"仁"的逻辑起点是宗法情感，母亲和恋人掉进了河里，断然是先救母亲，正是由于我们有孝悌之心，这个情感由内而外地延及身边的人；但是你让那些流离失所、萍水相逢、相濡以沫的人怎么理解"仁"？所以墨家提倡的是"兼爱"，消解掉人伦关系中的差别，不论亲疏，我们都要"爱"。这也是孟子骂墨家"无君无父，是禽兽也"的原因。再如，儒家在"仁"的基础上倡导任人唯亲，如果你手里有一个职位，你不给自己亲戚，反而给外人，你还有没有道德、温情？由于墨家消解掉了"仁"内核中的亲缘，就理所当然地主张"尚贤"，谁有能力谁上啊！我们需要注意，"A"与"非A"并不存在对错是非，而是两者都拥有"A"这一共同的讨论场域。

劳思光指出，墨家思想有两个特点：一是功利主义，比如墨家提倡"非攻"，不仅仅是基于"兼爱"，更是以小生产者的精细头脑计算打仗消耗引起的连锁反应、君主消费等账；他们提出的非乐、节葬与儒家推崇礼乐、厚葬背道而驰，也是基于算账得出的观点。二是权威主义，墨家所论"尚贤"，旨在层层推举出一个"贤者"担任"天子"，全天下人都听从于此，即"尚同"；"天子总天下之义,以尚同于天",如此便是"顺天意"。我们看到,墨家此说要在建立一个稳固的社会秩序,有着深切的现实关注;他们观念中的"天"还延续着孔子时代的神圣性,尚未形成后来的新"天道"。

以上是第一句话。大家至此会不会有疑问:道家的代表人物老子不是在孔子前面吗?谁告诉你的?你可能会说,《史记·老子韩非子列传》里就写了孔子拜访老子的故事啊!这一问题在民国"古史辨"思潮中已经解决了,我们这里简单说,大家要把"老子"其人和《老子》其书区别开。大家还记得我们在第一讲谈论的"画龙"的比喻吗?"老子"就是战国秦汉之际的学人画的龙,而《老子》是后出于儒家乃至墨家的。举个例子,儒家最核心的概念是什么?仁。你会在《老子》中读到"天地不仁"。我们从逻辑层面推理,先有"仁"还是先有"不仁"?毫无疑问是前者。再如《老子》称赞水,说它"居众人之所恶",这一论述基于子贡在《论语》里的话:"君子恶居下流,天下之恶皆归焉。"上文我们也谈到了,墨家的一个核心主张是"尚贤",《老子》则主张"不尚贤,使民不争"。可见,《老子》的成书在儒墨之后。

但是,战国时期为什么流传着孔子问礼于老子的故事?以至于司马迁都深信不疑,连汉墓画像都刻着这个故事(如图所示)?

孔子问礼老子(山东嘉祥齐山汉画像)

这正是后出的道家学派与儒家争衡的言说策略。孔子向老子求教,意味着道家学说早于儒家,而且高于儒家,如此,道家的学术权威就树立起来了;汉初统治者(如窦太后、汉文帝)基于当时国情需要休养生息,也大力提倡"黄老之学"("黄"是"黄帝",是战国秦汉之际的道家建构出的一个比尧舜禹汤更古老、比孔子更伟大的新圣人,又能打仗,又会发明,还精通各种方术),如此,老子先于孔子,就进入了观念的历史之中,直到如今我们的小学课本,还有"孔子拜师"这一故事。我们仔细看上图,在老子和孔子之间,还有一个拿着类似独轮车的小孩,这个人物是谁? 他是如何进入这一观念里的? 大家还记得课本上"两小儿辩日"的故事吧? 俩小孩争论不休,让孔子评评理,谁说得对。结果孔子答不上来,于是遭到了小孩的鄙视:"孰为汝多知(智)乎!"我还以为你多聪明呢! 这个故事出自《列子·汤问》,正是道家文献,既展现出道家以"赤子"(刚出生的孩子)为"智"的反智主义思想,也实现了打压博学多识的儒家的目的。

## (二) 思孟与荀韩

我们来看第二句,"**孔墨之后,儒学有思孟、荀韩之分**"。"思孟"是指孔子的孙子子思和"受业子思之门人"的孟子;"荀韩"是指荀子及其弟子韩非子。我们的这一划分,既考虑到时间早晚,孟子早于荀子约六十年,两者间隔了两世;又注意到两者的地域有东西之别,思孟在鲁、邹,而荀子是赵国人,韩非子是韩国人,都是晋地。

《孟子》说到当时儒学分裂成了三派,《荀子》则说"儒分为八",大家可以想象一下,这六十多年间儒学的发展多么迅猛激进。学派分支恰恰展现出学人们讨论的深入与精细,就像我们今天的学科,越分越细。但是不论儒学思想如何"裂变",他们关注的问题始终如一,并且随着论辩的精深,这一问题也更集中:人性。这就是我们上文所讲,如何改造人? 使人符合我们关于"人"的期许? 这就必须涉及终极问题:人性是什么?

众所周知,孟子主张性善,荀子主张性恶。我们从地域文化考察,孟子在邹,这里是孔子后学的大本营,缙绅先生一抓一大把,民风醇厚,司马迁当年到此，感慨得不得了，说，没有对比就没有伤害，隔壁的薛（齐国孟尝君的封地）都是暴桀子弟，跟鲁地简直没法比啊。今天我们去曲阜、济南，或许仍有此感，谁见到你都喊一声"老师"。至于荀子，是子夏西行、在魏国讲学延续下来的一脉。古代晋地文化，用孔子的话说叫"谲而不正"。晋国闹饥荒，秦穆公借物资给他们；后来秦国闹饥荒，问晋国借粮，晋国趁机发动战争，事载《左传》。子夏本人，更专注于研读典籍词句，孔子就告诫他："你要做君子儒，别做小人儒！"战国时期，晋地处于国际纷争的中心区域，出了大量的策士、间谍、外交家，此中确有地域文化的影响。

在外部因素（如政治、经济、社会、文化等）之外，学术思想自有其内在的进路。孟、荀对人性的探讨都源于孔子，尽管夫子很少谈论性命之学——子贡就感慨："夫子之文章，可得而闻也；夫子之言性与天道，不可得而闻也。"深叹不可得闻孔子关于性、天道的精义。我们通读《论语》，孔子只说过一句"性相近，习相远"，他并没有对"性"做任何的解读、阐释，只是更重视后天的学习、实践。正是由于孔子留下了人性问题这个"学术空白"，成为后来学人激烈论辩的焦点。在孟子的时代里，齐国国君兴建了一座豪华宫殿——稷下学官（宫），欢迎天下贤才来此白吃白住，畅抒己说。就这样，孟子在这里遇到了形形色色的论敌。王汎森有本书叫《天才为何成群地来》，犀利地指出正是学人们形成的自由辩论的环境促进他们彼此启发、成就，孟子就说："予岂好辩哉，予不得已也。"

当时盛行一种学说，"性"是生来的资质，并无善恶之分，这令孟子非常震惊，我们先看这一则：

> 告子曰："生之谓性。"
>
> 孟子曰："生之谓性也，犹白之谓白与（欤）？"
>
> 曰："然。"
>
> "白羽之白也，犹白雪之白；白雪之白犹白玉之白与？"

曰："然。"

"然则犬之性犹牛之性；牛之性犹人之性与？"(《孟子·告子上》)

告子所说的"生之为性"，既是当时的一种训诂方式，"性"跟"生"是同源字，音也相近；也是用下定义的方式，揭示"性"是自然具备、与生俱来的。这一观点意味着：①"性"是天命定的，人们无法选择、左右；②"性"无善恶。乍一看这么说也没错，我们今天总是说"天性"，我们生来内向或开朗，这确实像"王母娘娘倒马桶，指不定倒在谁头上"。但是孟子深刻洞见到这一观点的危险：它使得"顺应天性"成为人们放纵恣肆的借口。孟子继承了孔子的一个理念——"天生德于予"，假如人的天性中没有道德禀赋，那么人与动物何异？我们该如何相信我们主张的价值观？因此，孟子势必要与告子论辩，但大家看，他采取的言说策略不是义理层面的讨论，而是诡辩术，顺着告子的训诂思维和句式，给他下套。他先说："照你这么说，生来就具备的就是'性'，那么一切白的事物都是'白'咯？"告子一听，这没错啊，"然"。孟子接着说："那么，白色羽毛的'白'犹如白雪的'白'；白雪的'白'犹如白玉的'白'咯？"告子一听，这在训诂的层面上确实没毛病，"然"。孟子这时就沿用上面的修辞、句式，偷换了概念，说道："照你这思路，那狗的性犹如牛的性；牛的性犹如人的性咯？"到此就没有下文了，可能告子不知该如何作答了。我们再来看一则：

告子曰："性犹杞柳也，义犹桮棬也；以人性为仁义，犹以杞柳为桮棬。"

孟子曰："子能顺杞柳之性而以为桮棬乎？将戕贼杞柳而后以为桮棬也？如将戕贼杞柳而以为桮棬，则亦将戕贼人以为仁义与？率天下之人而祸仁义者，必子之言夫！"(《孟子·告子上》)

这段对话更能反映出两人争辩的核心，我们的道德禀赋到底从何而来？告子说："'性'就像杞树、柳树，'义'就像木质酒杯；我们的人性中具有仁义，就像把杞柳做成酒杯。"这一观点为荀子所继承，《劝学》里讲"木直中绳，輮以为轮，其曲中规。虽有槁暴，不复挺者，輮使之然也"，就是这个意思。这个观点令孟子非常恼火："您是顺着杞柳的本性把它们做成酒杯，还是戕害杞柳的本性然后把它们做成酒杯？（当然是戕害。）如果您是戕害杞柳的本性把它们做成酒杯，按照您这个逻辑，您也是戕害人的本性才会使人们具有道德吗？误导天下人、祸害仁义的，一定是您说的这些话！"

由此我们更具体地了解了孟子的性善论。大家可能会问，既然人性本善，为何世道人心那么糟糕？孟子的观点是，因为这个社会太污浊了，人性虽善，但在社会中遭到了误导、腐蚀，善心被放逐掉了（"放心"），所以，要通过道德修养，慢慢地找回自己的善心（"求其放心"）。这一观点对宋明理学影响巨大，比如后来陆九渊说："某则不识一个字，亦须还我堂堂地做个人。"大家可能听过《黑神话：悟空》，其实吴承恩在《西游记》的叙事框架中就套上了这个逻辑：孙悟空刚从石头里蹦出来，渴了就喝水，困了就睡，这就是"人之初"。他来到水帘洞，谁敢进去谁就是大王，他当了大王，有了功利心，学法术；有了长生的欲望，到阴曹地府勾掉自己的名字；以至于大闹天宫：这就是"放心"。后来被压到五行山下（这一章回就叫"五行山下定心猿"），被唐僧救出来，赴西天取经，这就是"修心"。讲到这里，忍不住多说一句，在吴承恩的观念中，佛祖怎么会用"五行山"？借助出土文献（如郭店楚简），我们发现，思孟学派正是将仁义礼智圣作为"五行"（或"五端"），大家想想，有点意思吧。

孟子从性善论出发，进而推出自家的治国理念，这也是我们高中语文课本中节选的片段，搞社会福利，推行仁政，然后生活在水深火热之中的外国百姓纷纷来投奔，如此即可"王天下"。大家觉得这个政治主张怎么样？当时就有人不认可，但也不敢明确反对，说："彻底推行薄税去税制度，如今还做不到,能不能今年少收点,到明年再看?"孟子一听又火了:"如今有个人每天偷邻居家一只鸡,决心悔改,打算每个月偷一只,到明年再说。你既然知道收税不对,为何不赶快停止,等明年干吗!"大家由此明白了吧,孟子的这一学说由于脱离了当时政治、社会的实际情况,因而不具备施行的条件。但是,孟子是伟大的,性善论让我们相信"相信的力量",这一心理暗示照亮了我们每个人心中的灯;而且提示我们,在"天生德于予"这个层面上,我们人人平等。

我们再来讲荀子,他是赵国人,学问极好,游历过很多国家,在稷下学官多次担任祭酒——就像今天的课代表。荀子堪为战国最后一位大儒,对汉代"五经"体系的建立产生了重要影响。今天我们把荀子的人性论简化为"性恶",其实他谈论的"性",一是"生之所以然者谓之性",指的是我们的身体组织,生来就是如此;二是"不事而自然谓之性",指的是我们的自然本能,此中有"情"和"欲",这一思路是对告子学说的继承与发展。荀子又提出一个相对的概念——"伪",这绝非今天所说的虚伪,而是"人为",我们的社会性言行,都是经由后天的"人为"而形成的。因此荀子说,"尧舜之与桀跖,其性一也;君子之与小人,其性一也",差别在于"注错习俗之所积",也就是日常的积累、修养。荀子提出一个方法论,叫"化性起伪",就是《劝学》里的"𫐓以为轮",把我们塞进机器里,压成一个个模样相同的小熊饼干。我们如此就明白了,为什么《劝学》置于《荀子》一书的开篇,我们高中学这篇文章时一定觉得莫名其妙,学习有什么好劝的? 我们不就在天天上学吗? 现在我们就懂了,学习是"化性起伪"最重要的途径。那么,问题来了,学什么? 从何开始? 学到什么程度算是"毕业"?《劝学》指出:

　　学恶乎始? 恶乎终? 曰:其数则始乎诵经,终乎读礼;其义则始乎为士,终乎为圣人。真积力久则入,学至乎没而后止也。故学数有终,若其义则不可须臾舍也。为之,人也;舍之,禽兽也。故《书》者,政事之纪也;《诗》者,中声之所止也;礼者,法之大分,类之纲纪也,故学至乎礼而止矣。

这里的"恶"读 wū,表示疑问,相当于何,how。荀子自问自答,从读经开始,到读礼而成,这就是"数",意为"术",具体的方法、途径。"其义"是目的、意念,通过学习,我们要从"士"变为圣人。读经、学习总会有"下课""放假",但对于此中的"义"是不可有一时一刻的松懈疏忽的。心中有"义",我们就是人;舍弃掉"义",我们就是禽兽。最后,荀子总结,"礼"是什么?是我们今天说的道德层面的礼敬吗?不,是"法之大分,类之纲纪"。我们首先要解读这个"分",涵义有三:①社会的分工分职;②社会的伦理关系,如君臣、父子关系等;③根据人的政治地位、财富情况而划分的等级。我们再需注意的是,荀子引"法"入"礼",他不是用内在道德而是外在的言行规范、规章制度来界定"礼",由此我们就能理解韩非子等法家思想的源头(之一)所自。我们简单地讲,荀子主张的诵经→读礼,本质上是社会学理路,要求每个人的言行符合自己所处的社会等级、财富、职位等,如此,国家就可以像机器一样有条不紊地运作与生产。顺带提一句,荀子去过秦国,对该地的政治、法律高度赞赏。我们纵观历史,秦汉、隋唐,这些富强的朝代都是律法精严,无一例外。最后我们看到,荀子列举了《书》、《诗》、礼的具体作用,展现出构建"五经"体系的意识。

如此,我们就能理解韩非对老师荀子学说的继承。当然,韩非还有一个重要的思想源头——黄老学说,我们将在下一小节展开,兹不冗言。

至此我们稍微暂停一下,请大家思考,你认为人性本善还是本恶?人性本善吗?但是你有没有见过两个孩子争夺玩具?自私、贪婪、懒惰、虚荣、欺瞒……这不就是我们生来就有的"性"吗?人性本恶吗?如果你看到有人遭到殴打,你会不会萌生恻隐之心?你虽然未必"路见不平一声吼",但会不会萌生正义感、想帮帮忙?这不说明我们的本性中有善的萌芽吗?当我们层层追问,我们会发现,先秦诸子的思考,也正是西方学者如苏格拉底"认识你自己"所探讨的领域。可以说,人类发展至今的所有学科都在试图回答这个终极命题。因此,当我们将孟、荀的人性论置于历史长河中,会发现它们就像硬币的一体两面,正是由于两面相异又共存,才确立了"硬币"之为"硬币"的完整性。我们也只有进入历史的视域,才会清晰地看到,汉唐的学术思想基本上延续着荀子的理路,通过读书研习获得圣贤之道;宋明以来渐渐转向孟子的理路,特重"尊德性"以通往圣贤之道。

### (三)"道术有楚宋、齐燕之别"

这里我没有用"道家"而是"道术",如果说"道"这一概念的提出与阐发是这一派学人公认的理论基石,那么"术"就是产生这一基石的"矿区"。我们在第一讲已用相当的篇幅讲了"方术",兹不赘言。只是在此强调,"道"与"术"的关系非常密切,互为表里。笼统、相对地讲,齐、燕之地因临海而出现了大量浮海求仙的方士、阴阳家、日者等;而楚、宋由于处于南北、东西文化的汇聚地而出现了道家思想最重要的学者。举例而言,尽管上文说"老子"本人不一定真实存在,但是史传中的记载至少可以说明相关学说的发源处,《史记》讲"老子"的家在苦县,即今天的鹿邑,庄子的故乡在民权。大家看一下地图,两地在我们河南东部,相距二百里。《老子》的思想流传更早些,我们今天能看到最古老的《老子》竹书出土于郭店村,可以判定在公元前300年左右。古书的传写过程非常漫长,因此,我们推测至少在此之前的半个世纪里,《老子》的思想已经在楚、宋之地上兴盛。庄子本人、《庄子》一书的出现则晚于《老子》,而且在战国秦汉之际的名气也一般,并非显学,我们前面也说了,当时流行的是"黄老"之学。直到今天,《老子》仍是畅销书,大量读者期待从中获得人生的哲理、处事的智慧,因此我们有必要讲讲,这短短五千言何以在两千多年的历史中如此引人入胜。

我们首先要讲的是关于《老子》的版本,今天我们能看到的,要有四类:

①出土文献：郭店楚简（公元前 300 年），残留了今本的三分之一；马王堆汉墓帛书（公元前 200 年），出土了两部，虽有残缺，但可以互补；此外还有北大藏楚简等；反映出从战国到汉代的《老子》传抄情况；

②石刻本：汉代以降，随着道教的发展、拢入黄老学说、将"老子"列为道祖，道观内开始树立刻写《老子》的石碑，现存最早的是唐景龙二年（708）河北易州龙兴观的《道德经碑》，今存从唐到元的石刻约有 10 种；

③古抄本：比如我们在敦煌莫高窟发现的卷子，在吐鲁番发现的写本等；

④传世本：历代学人流传下的本子，如汉河上公《道德经章句》本、魏王弼《老子道德经注》本等。

其中，传世本一直在历史上为人们所研读、流传，前三类是经由学术思想的"自然选择"而被遗忘的版本。我们将两者对读，就会发现《老子》在传抄中经过了相当的修改。比如，今天我们熟知的"道可道，非常道"其实是汉代以后流传下来的本子，马王堆帛书本尚作"非恒道"，因为汉文帝叫"刘恒"，为了避讳，从"非恒道"改成了"非常道"。再如我们知道《老子》叫《道德经》是因为它分成上下两部，上部是《道经》，下部是《德经》；但是马王堆帛书本出土后我们惊呆了，它的上部是《德经》，正好颠倒了过来。再比如，《老子》第三十一章讲"兵者，不祥之器也。不得已而用之，恬淡为上"。乍一看，这思想太了不起了，当人们不得已要打仗时，要做到"恬淡"！我们脑海中不由得出现"大师，我悟了"的幻想，历代注家绞尽脑汁来阐发此中的"道理"。但是我们看郭店简本，"恬淡"作"铦缲"，马王堆帛书甲本作"铦袭"、乙本作"铦儱"，"铦"是锋利，"袭"是袭击、袭取。由此我们知道了，战国秦汉之际，《老子》此处表达的意思是"兵器锋利、出兵迅速"。由此可知，传世本在传抄的过程中，这两字发生了讹变与误读。借助出土简帛，我们得以了解《老子》早期的面貌。但我还是要提醒大家，尽管出土文献如此重要，我们千万不要迷信它,不要以为一定有一个最接近作者的"文本",别忘了我们常说的:进入历史的,才是最重要的。

我们再来思考一个问题,《老子》是什么时候叫作《道德经》的? 前面我们讲到,《老子》在历史上一直长盛不衰,汉代的统治者都很重视这本书,但是自汉武帝朝建立起五经博士制度,《老子》终究只能位于"子"这一文献等级;直到唐朝建立,具有胡族血统的李氏(李世民的母亲窦氏是匈奴血统)为了抬高自家的身世,制造皇权的神圣性,遂言"朕乃李耳之后",立道教为国教,并将《老子》从"子"升为"经"。(《庄子》也在李唐王朝易名为《南华真经》,大家看,生怕别人觉得它不配称"经",特意加了个"真"字。)

接下来,我们选读几则尝尝看。如果按照马王堆帛书的次第,当时人们读到的第一则很可能是"德经"的条目:

> 上德不德,是以有德;下德不失德,是以无德。上德无为而无以为也,上仁为之而无以为也,上义为之而有以为也,上礼为之而莫之应也,则攘臂而扔之。故失道而后德,失德而后仁,失仁而后义,失义而后礼。夫礼者,忠信之薄也,而乱之首也。前识者,道之华也,而愚之首也。是以大丈夫居其厚而不居其薄,居其实而不居其华。故去彼取此。(第三十八章)

我们摘录的文字主要根据简帛本,参以传世本。这段文字看起来很长,其实表达的观点并不复杂:反思并否定儒家推重的德行。

我们知道,孔子的核心概念是"仁",思孟学派喜欢讲"义",荀韩这一脉喜欢讲"礼";《老子》特推出一"德"字,后来居上,意图碾压儒家学说,其言说方式也是如此展开。先总说:最好的"德"是不德,如此才能获得真正的"德";最差劲的"德"是唯恐失去道德,因此是无德的。这一观点在《老子》中一以贯之,我们前面提到,《老子》认为"天地不仁,以万物为刍狗;圣人不仁,以百姓为刍狗"，也是此意。这一观点否定儒家"天生德于予"的这一思想依据。儒家推重的"仁""义""礼"，在《老子》看来都是"伪"，人们通过修养、学习等"矫正"方式对自己进行"形塑"，这一背离自然的言行导致人们追求功名利禄，遂致世乱。

上段引文的第二句，《老子》用"为之"和"以为"来为"德""仁""义""礼"分级，"为之"是言行不自然，"有以为"是意念不自然。所以"上德无为而无以为"；而"仁"次一等，言行不自然了；"义"再次一等，内外都不够自然，比如孔融让梨，"我在马路边捡到五毛钱，我要把它交到警察叔叔手里面"等；"礼"就更差劲了，执政者积极有为，民众们都不搭理，就伸着胳膊强行拉拽引导。比如此时此刻，我走下讲台（大家不要慌），"都给我看黑板，记笔记！"至此，《老子》再倒着说一遍：天下失"道"，人们就追求"德"，失"德"了就追求"仁"……至于人们追求的这个"礼"，其实是最不忠信的（表里都是"伪"），也是世乱的首祸。与"礼"并列的"前识"可理解为先见之明，《老子》是反智的，因此批评先见之明只是披着花里胡哨的"道"的外壳，华而不实，最最愚蠢。

至此我们可以再谈谈《韩非子》，书中有《解老》和《喻老》二篇，前者对"德经"九章、"道经"三章进行解读与阐释，后者用历史故事和民间传说阐发《老子》十二章中的观点。韩非是新郑人，法家的另一代表学人申不害是荥阳人，他们所在地是河南中部，距离黄老学说的鹿邑约四百里。据此我们可以看到，法家与黄老之间具有密切的思想关联。值得注意的是，《解老》开篇就解读"上德不德"一段，可见这段文字在《老子》中具有提纲挈领的作用；并且改动了文字，阐发出"上德无为而无不为"的思想，这不仅为秦汉统治者所奉行，也是我们今天传世本所沿用者。

由此，我们就了解了，《老子》一书的立意也是从政治学出发，写给当时统治者看的。《老子》的一个突出贡献，就是对其最高概念"道"进行形而上的构建，这是关注现实社会的儒、墨诸家从未涉及的领域：

道可道也,非恒道也;名可名也,非恒名也。无名,万物之始也;有名,万物之母也。故恒无欲也,以观其妙;恒有欲也,以观其所徼。

《老子》相较于诸子,后退一步思考:我们这个世界的本原是什么?我们该如何描述它、给它命名?"名"与"物"之间的关系又是怎样的?《老子》发现,我们的语言一旦说出、文字一旦写下,就具有局限性,比如我们定义大象,我们的所有语言、文字都无法探及大象没被我们说到、写到的部分。《老子》对"道"的描述就像美术生画球体,先画一个方框,不断地切边,削掉非球体的部分,以逐渐呈现出球体的轮廓。这是以否定的方式接近概念、本质的思维方式。《老子》说,只要是能用语言描述的"道",都不是那个恒久不息的"道";只要能够命名的,都不是那个恒定不变的"名"。世界万物的起始,是没有名字的。(谁能给它命名呢?)"道生一,一生二,二生三,三生万物",能够一一命名,这正是道生万物的过程,因此"有名"是"万物之母"。那么,我们给万物命名,在这一"观"的关系与过程中,我们看到了什么?在影片《黑客帝国》中,尼尔问:"为什么我的眼睛好痛?"墨菲斯回答:"因为你从没真正地'看'。"在影片《阿凡达》里,用"I see you"表达爱意。苏轼也有个类似的故事,有一天他在路上见到老友佛印和尚,苏轼问佛印:"你是怎么看我的?"佛印说:"在贫僧眼中,苏学士是一尊佛。"苏轼大为得意。佛印也问苏轼:"不知苏学士是怎么看贫僧的?"苏轼一本正经地说道:"我看你像一坨屎。"接着是《哈利·波特》七部曲的简称"哈哈哈哈哈哈哈"。佛印一愣,也大笑。苏轼本来很得意地回家了,觉得自己今天占了佛印的便宜,但他一直在想佛印为什么发笑。最后他明白了:我输了!佛印心中有佛,所以看谁都是佛;而我……大家笑完了,也就理解了上文第一则的最后这句:当我们不特意怀着欲念去观察这个世界时,就会看到其中的奥妙;一旦我们怀有欲念去看,就只能看到自己想看到的("徼"就是"要")。

我们再看一则,可作为对以上观点的进一步说明:

> 有物混成，先天地生。寂兮寥兮，独立而不改，可以为天地母。吾未知其名，字之曰道，吾强为之名曰大。大曰逝，逝曰远，远曰返。道大，天大，地大，王亦大。国中有四大，而王居一焉。人法地，地法天，天法道，道法自然。

这段文字先谈"道"是世界的本原，进而谈"道"的不可命名、不可描摹，只能勉强给它一个称呼（否则我们如何讨论、书写呢？）最后，《老子》主张，人要拟效、遵循世界运转的法则——"道"；那么，"道"法什么？"自然"，自己最本真的样子。我们理解了这层逻辑，就能明白，《老子》政治学说的"无为"，正是对"道法自然"的因循。

我们再来看一段：

> 不尚贤，使民不争。不贵难得之货，使民不为盗。不见可欲，使民不乱。是以圣人之治也，虚其心，实其腹；弱其志，强其骨。恒使民无知无欲也，使夫知不敢、弗为而已，则无不治矣。（第三章）

我们在上文已了解，"不尚贤"是对墨家观点的反思，在《老子》看来，世道之所以变坏，就是因为儒墨过于有为，因此，统治者要做到不尚贤，这样民众就不会积极奋进、争名夺位；不稀罕奇珍异宝，这样民众就不会烧杀抢掠；不让民众看到能激发他们欲望的事物，这样就能避免民众作乱。下一句，真正的圣人治道是"虚其心，实其腹；弱其志，强其骨"，很明显，这是对《孟子》"天将降大任于是人也，必先苦其心志，劳其筋骨，饿其体肤，空乏其身"的反向论说。最后一句，一定要使民众无智无欲，只让他们知道不敢做什么、不能做什么就够了，如此就能无所不治。

大家看完这一段，是否有点毛骨悚然？大家还觉得《老子》是教你人生哲理、养生的书吗？它所推崇的"治"道，不是给民众带来幸福、让国家走向富强，而是教统治者如何让民众驯服！明白了这一点，大家就能明白法家思想的深层内核，秦用法家理念、汉崇黄老之学，皆意在维护统治。我们忍不住问，《老子》的愚民思想从何而来？当然是儒家。《论语·泰伯》中孔子曰："民可使由之，不可使知之。"对于民众，可以使他们听从当政者的教令，但不能让他们了解为什么这样做。《孟子·尽心上》说："终身由之而不知其道者，众也"，郭店楚简《尊德义》也有类似表述。

限于篇幅，我们只能对《老子》稍作小结：在诸子激烈论辩之际，《老子》以反思、否定的方式表达出它更为精进的思想学说；它以政治学为切入点，深入宇宙论、认识论的形而上阐发，并由此延及社会学、生命哲学、军事学等视域，对诸子学说产生了深刻广泛的影响。我们花了这么多篇幅讲《老子》，足见它的重要价值。


讲了《老子》，就要讲讲《庄子》了。我们今天"老庄"并称，如上文所言，这是唐代以来的事。《庄》确实受到《老》的影响，但两者差异很大，《老》有点像写给统治者的精选集，《庄》则是探求个体终究自在的散文诗。颜世安教授指出，《老》特重"道"的"反"的规律以及"道"的无为、不争、柔弱、处后、谦下等特性；《庄》则全然扬弃这些概念而追求精神世界的超升。

今天我们读到的《庄子》，同样是汉人整理出来的。大家想象一下，刘向、歆父子及其文献整理团队，对皇家图书馆的所有藏书进行大致甄别、分类之后，有五百多卷竹简的思想、内容与"庄子"相关。刘氏进一步读这些篇章，发现有不少是重复抄写的，因此，他们选一个作为底本，将之与诸本一一对读、比勘。他们发现有一些篇目思想深刻宏阔，文风汪洋恣肆，风格统一，因此就定级为"内篇"；有一些篇目稍次一些，定级为"外篇"；还有一些篇目，虽然文中有"庄子"的故事、"庄子"说的话，但主题、观点驳杂，与前面谈到的篇目明显不同，可能出自庄子后学，或者学人伪托"庄子"之名，因此定级为"杂篇"。到了魏晋南北朝，《庄子》历经学术的"自然选择"，从 52 篇变为 33

篇,这就是我们今天能读到的《庄子》。

遍检《庄子》及相关传记,关于庄子的故事多是两类:一是楚王、魏王请庄子做大官,庄子屡屡回绝;二是庄子的生活贫困艰辛,贷粟、妻死,令人动容。我们不得不发问:庄子既然生计艰难,为何拒不出仕? 当我们深入《庄子》文本,就会发现,他绝非我们想象中的逍遥自在,面对黑暗混乱的世界、痛苦艰辛的人生,他探寻的"突破"之路不是改善现实社会,而是自我在精神世界的超脱。

大家高中就学过《逍遥游》的选文,作为《庄子》开篇的重要篇章,它表达了什么观点? 鲲、鹏如此巨大,翅膀"若垂天之云","水击三千里","抟扶摇而上者九万里",它是否实现了自由自在? 没有,它仍是"有所待",由于它过于巨大,要囤积六个月的气息,就像龙卷风一样把自己顶上高空。从这个层面看,鲲鹏和蝉、鸠是同样的,所不同者在于大小。《庄子》的文风特点是恢弘奇崛,用寓言作例证,用诡辩取代推理,用"得意忘言"消解掉结论、观点。然而《逍遥游》文中忽然闪烁了一句:"**至人无己,神人无功,圣人无名。**"大家注意,这就是《庄子》给出的答案:为什么我们会有痛苦? 因为我们活得不自在。我们不可能在现实生活中获得终极自在——比如我们想飞上天,想长生不老——只能想想而已,所以,我们只能在自己的精神世界里去追求。"圣人""神人""至人"是三个由低到高的境界,当我们甩掉自己在世俗中的名声,不论外界对自己是夸赞还是责骂,统统不 care,就像宋荣子那样,是不是自在了一点? 因为我们扔掉了名誉的累赘;"无功",就是不在意自己的社会价值,不考虑自己的所作所为有没有意义,统统扔掉;"无己"就是把"我"也从意识里摒弃,如此就在精神世界层面达到了真正的"逍遥"。至此,我们会发现,不论是《老》的"绝智去欲"还是《庄》的"无名""无功""无己",都不具备实践的可能,如果一个人没了这些,只会走向死亡。因此,《老》《庄》的伟大在于探寻精神世界的无限性与可能性,这对后来学术思想的发展、文人士大夫关注心灵深处产生了积极深远的影响。

《庄子·山木》进一步思考自在的可能。庄子在山上见到一棵枝叶茂盛的大树,但伐木工们却对它熟视无睹。庄子问,为啥不砍这棵? 答:"这棵树中看不中用。"庄子对弟子们说:"大家看,这棵树正因无用而得以保全生命。"当晚投宿老朋友家,主人心情很好,让他的小儿子去杀雁,小朋友就问了:"爸爸,家里有两只,一只会打鸣,一只不会,杀哪只?"主人说:"这还用问? 那个不会打鸣的! 留它有何用!"这直接把弟子们整不会了,到底如何才能保全性命? 有用还是无用?

> 庄子笑曰:"周将处乎材与不材之间。材与不材之间,似之而非也,故未免乎累。若夫乘道德而浮游则不然,无誉无訾,一龙一蛇,与时俱化,而无肯专为;一上一下,以和为量,浮游乎万物之祖;物物而不物于物,则胡可得而累邪!"

在这段文字里,庄子主张的是"材与不材之间",该有用时就有用,不该有用时绝对不能表现出有用。如果世界是一个牢笼,"材与不材"就是游走于栏槛之间,但这样仍要根据外在的情境而做出改变,因此仍未能免于为世所累。庄子进而指出最理想、当然也只能想想的境界:"乘道德"——不是车船等现实中的载具,也不是儒家学说中的"道德",而是世间最本原的那个终极理念;"浮游"——此中没有荣辱,没有具形,像龙像蛇,与时俱化,没有目的。在这一境界中,由于自己的精神世界已接近作为万物之祖的"道",因此可以"物(动词,役使)物(世间万物)"而不会被物所役使,还会为世所累吗? 这不就实现了终极自在了吗? 这一观点在今天仍有反思价值。人类发明诸端科技,本旨在实现便捷、幸福;结果呢,我们晚上睡不着觉,沦为手机的奴隶;我们干什么事都得打卡、在"系统"上申报、随处被摄像头监视……我们不正是"物于物"吗?

### （四）余论

我们再来谈谈最后一句：**"秦无学术，山东六国，齐出兵家，三晋多间，齐楚盛方技术数。"**上文我们谈论了不同地域之间学术、文化的差异与交融，却没有提到秦地，先秦时期那些璀璨的诸子，几乎都是出自崤山以东的六国。我们想想看，秦国能叫上名的，商鞅，卫人；张仪，魏人；吕不韦，卫人；李斯，楚人。这是个耐人寻味的现象，秦国的社会、政治，可以富国强兵，却不具备养育学者的土壤。我们这里提到了"兵家"，该词的出现，也是刘氏父子鳌出诸子书之余，整理出数量巨大的兵书，就像我们今天往书柜上摆书，五经类摆了一柜，诸子类摆了一柜，兵书也摆了一柜，因此单独拎出来作为一"类"。兵家要有两种，一是权谋，相当于计策、理论、战术，比如高启强认真研读的《孙子》，此书就沿袭了《老子》的很多思想；二是技术，比如如何预测眼下的局势，射法、剑道、手搏等。今天看来，齐国的兵家成就最大，能读到的要籍最多，如《太公》《孙子》《司马法》和《管子》中的诸篇兵书等，对此，李零教授《简帛古书与学术源流》一书有精详论述，大家可好好一读。"三晋"指的是赵、魏、韩，"间"就是间谍、谋士，也就是外交家、纵横家，他们轻学而重术，轻德而重利，凭靠计谋、脸皮和三寸不烂之舌在诸国之间游说，骗吃混喝甚至身进权贵，《战国策》一书中记述了大量他们的故事。以上，便是诸子思想的大概情况。

细心的读者会发现，我们在本节开头指出诸子思想层层深入的三阶段进路，上文已对前两个阶段有了大量论述，这里再谈谈学人们在语言学层面、逻辑学方面的辨析。其实在《孟子》部分，我们已看到孟子与告子之间的诡辩。我们再举一例，庄子和惠施之间的抬杠：

> 庄子与惠子游于濠梁之上。庄子曰："儵鱼出游从容，是鱼之乐也。"惠子曰："子非鱼，安知鱼之乐？"庄子曰："子非我，安知我不知鱼之

乐?"惠子曰:"我非子,固不知子矣;子固非鱼也,子之不知鱼之乐,全矣。"庄子曰:"请循其本。子曰'汝安知鱼乐'云者,既已知吾知之而问我,我知之濠上也。"(《外篇·秋水》)

这则故事选在我们的高中语文读本里了,庄子看到水中的鱼优哉游哉,不禁说道:"这就是鱼的快乐啊。"惠施作为在《庄子》中总被庄子"怼"的老辩友,仿佛一生都在等待这次机会,他立刻接话:"你不是鱼,怎么知道鱼的快乐?"大家想想,这句话在逻辑层面成立吗? 这里面有个牢不可破的认识论前提:物非其类,不可相知。我们对于自己之外的人,都很难共情的。庄子也是在这一逻辑层面上反驳:"你不是我,你怎么知道我不知道鱼的快乐?"惠施先接受庄子的逻辑,"我不是你,断然不知道你";然后推论,"你断然不是鱼,因此你不知道鱼的快乐。完了"。至此,两人的辩论逻辑清晰谨严,惠施完胜,一个多余的字都没有。刚才我们说了,《庄子》一书中庄子就没输过,所以庄子说:"咱们从头捋捋啊。你刚才说'你怎么知道鱼的快乐',这就说明你认为我知道才这么问我的。我怎么知道的呢? 我现在回答你:我在濠上知道的。"大家看明白了吗? 庄子利用"安"这个疑问代词产生的歧义(在前面的语境中是反问,表示否定;在最后这里是表疑问,相当于英文中的 how),完成了一场精彩的诡辩。在先秦诸子类似的论辩中,他们不再争锋于观点是非、思想高低,而是精微地深入字义、修辞的辨析之中。

在《墨子》一书中,有一部分叫"经",还有一部分专门解释它们,叫"经说",这很可能是荀子等儒者在构建"五经"体系的过程中,墨家学者受到启发,造作"经"文,并因循儒家开创的"经—传"体系造作"传记"。在这部分内容中,墨家建立了朴素的逻辑学。比如阐论充要条件:有了原因才有结果。小的因素,有它未必产生某种结果,没有它必不产生这种结果。因为它只是产生这种结果所依赖的条件的一部分,好比点之于线:有点不必成线,无点必不成线。大的原因,有它必产生某种结果,没有它必不产生这种结果。比如说：只要看，总能看到些什么；若不去看，则必然什么都看不到。墨家具有"类""域"方面的认识，这是先秦诸子辨析名物的一个重要突破。比如墨家发问：木头长，夜晚也长，哪个更长？智慧多，米粟也多，哪个多？再如，获的父母是人，但获侍奉他的父母不是侍奉人；他的弟弟是帅哥，爱他的弟弟不是爱帅哥。

《公孙龙子》贡献了当时学人挂在嘴边的两个热点：一是"白马非马"，二是"坚白"辩。第一句话之所以上热搜，是因为它故作新奇的表述——什么？白马非马？那是什么？当我们真正读到原文就会明白，此"非"不是"≠"，而是"不相属"：

> 白马非马……马者所以命形也，白者所以命色也；命色者，非命形也，故曰：白马非马。
>
> 求马，黄黑马皆可致；求白马，黄黑马不可致。……故黄黑马一也，而可以应有马，而不可以应有白马，是白马之非马审矣。

{白马}和{马}是两个义场，两者虽然都有{马}这一交集，但是{马}是形，{白}是色，两者不相关。因此，白马虽是马，但{白马}与{马}并不相属。第二则材料更能说明这个问题。假如你想要一匹马，什么颜色的马都可以；但是你想要{白马}，那么{黄马}{黑马}就都不符合了。

"坚白"这一概念是孔子时代的流行语。当时有个乱臣召孔子，老先生有点跃跃欲试，子路就提醒老师，孔子却说："有是言也。不曰坚乎，磨而不磷？不曰白乎，涅而不缁？"在这句话中，"有是言"就是我们今天的"有句老话说得好"，"磷"是磨损、变薄，"涅"是用于染黑色的矾石，"缁"是黑色。不是说坚硬的东西，磨也磨不薄吗？不是说洁白的东西，染也染不黑吗？孔子引这句话的言外之意是，我不论到哪都不会改变本色的。这句老话到了战国中后期就成为类似"不讲武德"的梗，成为名家的标签，《公孙龙子》言：

> 坚、白、石,三,可乎?曰:不可。曰:二,可乎?曰:可。曰:何哉?
> 曰:无坚得白,其举也二;无白得坚,其举也二。

这段话有个预设,{坚}和{白}都是依附于{石}的属性,因此不可离析为三事;而{坚}和{白}分属触觉和视觉所感知到的属性,因此是二事。至此,我们看到,《公孙龙子》思辨的深入:①在修辞方面更为精细;②有了"集合"(类域)的意识;③形、色之别,性质区分。

大家想象一下,假如诸子沿循这一理路继续深入下去,在逻辑学、语言学的驱动下,中国的古典学术会是怎样的图景?动荡终有时,不论是学人、贵族还是民众,都呼吁大一统国家的出现,秦汉遂应运而来。墨家隐没不见了(毕竟是黑社会,政府不允许),儒家被官方经学收编了,诸子也渐渐从对哲理与道德的探讨转向了对知识与法术的兴趣,这就是下一讲将要讨论的内容了。

### 课后延伸

本讲只是勾勒了诸子思想的大致发展脉络,大家还是要多读书,我们一家一家推荐:

1. 关于《论语》,古往今来的注本极多,尤其是当今流行市面的,令大家眼花缭乱,连我都即将有本《论语译解》要出版(但我是要脸的人,绝不会主动推销自己的书)。首先推荐大家读**李零《丧家狗——我读〈论语〉》**,如今有中华书局的精装本。这本书是李零在北大专门讲授了一年的课所撰写,一翻开就是四个导读,帮助我们了解孔子的生平、弟子故事、传世的种种《论语》注本的优劣。李零对每则材料不是注释而是讲解,看似散漫,但利于表达见解,使大家掌握研读《论语》的思路和方法,真是本教人读书的好注本。只是大家注意,他对孔子更多的是消解。

大家读完这本,如果觉得意犹未尽,推荐读**顾迁注译的《论语》**(**中州古籍出版社**),我在上一讲已经吹嘘过他了,据他自己说,在苏州蹉跎十年,自觉这本书是几经涵咏撰作而成,算是拿得出手。我一个学生通读过此书,说它就像一间宁静温和的木房子,你走进去是自在、舒展、有主见的(而非很多注本牵着你的鼻子走、给你灌输知识)。

2. 关于《墨子》,大家可读**方勇译注本**,是中华书局出的"中华经典名著全本全注全译丛书"之一,这本书非常适合入门。如果大家想进一步研读,推荐清代考据学大家**孙诒让《墨子间诂》**,此书已有中华书局的简体横排本。孙氏在清儒整理《墨子》的基础上,广搜异本,校勘训诂,皆属一流,大家由此得窥清学之精微,掌握研读古籍之要。

3. 关于《孟子》,我无比强烈推荐我导师的一本已经绝版的小书,书名就是《孟子》,南京大学出版社的"《中国思想家评传》简明读本"系列之一,在我看来,这是当前最好的《孟子》导读。此书分八个专题,深入浅出、简明扼要地展现出孟子学术思想的要义与价值。如果大家想整本阅读,**杨伯峻《孟子译注》**就很好。

4. 关于《老子》和《孙子》,大家径读**李零**"我们的经典"系列中的《**〈老子〉天下第一**》和《**〈孙子〉的斗争哲学**》即可。李零参与过郭店楚简、马王堆帛书等出土文献的整理,因此对《老子》与《孙子》早期形态的文本非常谙熟,这两本通俗易懂、旁征博引,非常好看。

5. 关于《庄子》,推荐大家先读**颜世安《庄子评传》**,这是一位历史学教授写的思想家传记,书中有相当"我观"的思考,但也因此而展现出深刻的思想深度,使我们像乘坐时光机一样,回到两千多年前,得以与庄子对话。在此基础上,大家不妨读**陈鼓应《庄子今注今译》**——这是我导师在我读硕时推荐的;其实我个人更喜欢读清儒**王先谦《庄子集解》**(大家搜上海古籍出版社的"国学典藏"《庄子》),要言不烦,扫清字义障碍之余,使我们得以自行玩味《庄子》文本。

6. 关于《荀子》,大家可读**方勇译注本**,但我更推荐大家读**王先谦《荀子集解》**,有中华书局的简体横排本。我当年写硕论时,有段时间早上六点半起床,到食堂做晨课,两三个早上精读一篇,用的就是王氏注本,受益良多。

7. 关于《韩非子》,我们推荐**周勋初先生**《**韩非子校注**》——这也是我导师推荐的,因为周先生是他的导师。

经由两千多年来学术思想的"自然选择",备受我们推重的诸子,基本上就是以上七家。我们不再推荐更多,大家如能精读一过,真的是非常了不起了——那时大家已能自行找书、自主研读,也不必我像个书贩子似的多此一举了。

# 第五讲

# 中古学术的流变——经学、玄学与佛学

## 课前导引

本讲是整本书中篇幅最大的一个章节,涉及的领域也广,我们推荐的研读书目力求简要:

关于经学史的著作,还是[清]皮锡瑞《经学历史》最经典,薄薄一小册,推荐大家读中华书局的周予同注释本。大家先读周氏序言,即可扼要了解经学的形成、发展与价值,皮氏的学术背景,该书的优劣等。皮氏的正文非常凝练,提纲挈领;周氏注释详尽,如果大家遇到不解的词条,利用电子资源查索。读此一书,不仅可大致掌握经学史的脉络,而且能了解历代重要的经学著作,便于进一步研读。

关于玄学,汤用彤《魏晋玄学论稿》最经典,但此书不易读,大家一翻开就明白我的意思了。如果大家看完本讲内容,对魏晋南北朝的思想文化有一定了解,或可潜心研读此书。在此之前,我更推荐唐长孺《魏晋南北朝史论丛(外一种)》(河北教育出版社)中的相关篇目,之所以推荐这一版,是因为它收得全,简体横排。此书有几篇关于玄学的论文,在当今学界仍作为讨论玄学的常识,适合入门研读,加之唐先生行文清畅简约,值得我们学习。

关于佛学,可先读劳思光《新编中国哲学史》第二卷的第三章,劳氏讲佛学,循序渐进,先讲印度佛教的原义,进而讲如何在我国流衍,令大家清晰明了。当大家对佛学有了一定的认知,仍意犹未尽,推荐读**汤用彤《汉**

**魏两晋南北朝佛教史**》。汤书并非那种总-分的论述方式，而是先抛出问题，然后逐一罗列材料，层层辨析，最后得出结论。这样得出的观点往往令人信服，而且促进我们在研读所引用的史料时，能够得出自家的思考，真是本好书啊。

再多说一句，如果大家通读、精读了以上著作，就不用看这一讲了。

# 引　言

在历史的演进中，时代越近，我们能读到的文献就越多。我们已在第一讲里界定了"中古"的内涵，这一时段所涵盖的汉、唐两大盛世及夹在其间的魏晋南北朝（乱世）遗留至今的文献卷帙浩繁，以致我们对此中任何一个问题的论述都难以面面俱到地展开。有赖于一代代学人的研究成果，我们站在前贤的肩膀上，得以略述大要。

随着秦汉大一统郡县制帝国的建立，武帝建立起五经博士制度，经学成为朝廷培养官吏的主要内容与士民进阶的利禄之途。汉代社会因此发生了巨大变化，司马迁尚作《酷吏列传》，到班固就变成了《循吏列传》，更不必说二者记录的学术谱系清晰绵延的"儒林传"。

随着经学的广泛普及，儒学中的一些知识、观念渗入民众的意识深处，成为人们认知、解释世界的常识。两汉之际，民间模拟官方经学，造作出纷纷总总的谶纬文献；佛教也在此时传入中国，凭借民间宗教、方术获得了立足之地。汉魏以来，士大夫追求学术的精进与博通，转向了对子学（特别是老庄）的兴趣，兴起了反思式的回声（玄学）和对外来学术（佛学）的吸收。民间宗教也趁乱世而兴，借老子的旗帜立为"道教"。

当隋唐再度恢复统一、稳定，孔颖达领衔修订出经义的官方标准答案——《五经正义》，但此书的解释方式与思想已替代了汉代的官方体式（章句体），形成了兼综南北学人之说、受佛教徒讲经解经影响的注疏体（谶纬亦被收纳其中）。经由了数百年的精研，中国学人消化了佛学，开创了自家的禅宗。

我们这就展开谈谈。

# 一、汉唐经学述要

## （一）汉代经学的确立与发展

经学就是解经学，学者们对"五经"的解释。由于人们的知识构成、现实关注不同，形成的诠释与阐发也有所不同，此中展现出时代思想、学术的变迁。

由于秦朝年数较少，且"汉承秦制"，我们谈学术、文化往往径言"汉"。经学通过学官制度变成具有公共性或权威性的阐释，必须从汉朝建国说起，借用《让子弹飞》里的台词，项羽请刘邦吃鸿门宴的本质是恶霸请流氓，刘邦身为开口即"乃翁"（你老子我）的地方基层官吏而开国，建制承袭秦而无所创发，官吏的文化素质普遍不高，民众也好不到哪去。文帝朝有《诗》学博士，景帝朝有《春秋》学博士、诸子学博士，这也是沿用秦始皇的七十博士制度（相当于皇帝的智囊团，相传孔子登记在册的有七十弟子，皇帝岂能没有）。到了年轻志大的武帝掌权，国家也富强起来了，就忍不住想改革了，一则想用儒学来"润饰鸿业"，因而提出几个问题，诏令天下人皆可给他写信，于是就有了董仲舒的"天人三策"；二则想提升官吏素质，进而更好地教化民众。当时他刚对平民出身、年过七十的公孙弘封侯拜相，公孙弘上书建言：

> 为博士官置弟子五十人，复其身。[A]太常择民年十八以上仪状端正者，补博士弟子。[B]郡国县官有好文学，敬长上，肃政教，顺乡里，出入不悖，所闻，令相长丞上属所二千石。二千石谨察可者，常与计偕，诣

太常,得受业如弟子。一岁皆辄课,能通一艺以上,补文学掌故缺;其高第可以为郎中,太常籍奏。(《汉书·儒林传》)

正是这封奏疏,促进了武帝立"五经博士"。说白了,就是国家扶持一些学术大佬坐镇官方学科点,然后为他们招生,"学而优则仕"。大家注意,"五经博士"并非五个人,每个经都有几家,比如《诗经》博士有鲁、齐、韩三家,《尚书》博士有大、小夏侯两家等。国家每年招的这五十人,一方面是太常选荐人才,一方面是地方按人口比例推举,比如河南人多,一年推荐三个人,江苏人少一点,一年推荐两个人,像敦煌郡那边人口尤其少,一年推荐半个——这怎么操作? 把人劈两半吗? 两年推一个嘛。大家注意,上文材料中的"复其身"很关键,一旦成了博士弟子,就不必交税服役了;时至今日,我们的博士研究生每个月还能领国家补贴。从此,经学成了平民也可以进阶的利禄之途。到了昭帝朝,博士弟子扩招到一百人;宣帝朝扩到两百人;元帝朝更猛,相传孔子都有三千徒弟,太学直接扩到三千人(当然,由于教不过来,很快又缩回一千人了);至于王莽朝,虽然仍有名额限制,但是欢迎非博士弟子的学子来学,一年选拔出一百人做官。

经学及其确立的制度对汉朝乃至我们国家的社会、文化产生了深远影响。明清时的传教士来到中国非常震惊,相较于西方的教士承担知识学术、官僚管理世俗,中国则形成了"文官社会","士""大夫"合二为一,不论是官僚还是民众的文化素质都高于当时的欧洲。我们今天的考公考编以及考博,仍能看到这一传统的延续。

大家注意,一旦学术被皇权盯上、成为利禄之途,便会发生激烈的竞争。在历代学人的回忆里,汉代经学最重要的事是"今古文之争",直到今天学界仍聚讼纷纭。所谓"今文""古文",实为经文书写的文字之间的差异。我们在第三讲已谈到,武帝末年时的鲁共王在孔宅的墙壁夹缝中,发现了孔门后学为避秦火而藏在其中的《尚书》、逸《礼》、《论语》、《孝经》等,都是用秦统一以前的东方六国文字所写,熟习篆隶的汉人不大认得,视它们为"古文";武帝的叔叔河间献王在黄河以北的封地广搜古籍,扶持民间学者,整理出了《毛诗》《春秋左氏传》《周礼》等古文经。学官所立诸经为了与此区别,遂称为"今文"。

在我们看来,古文经的出现实在是学界快事,"天降斯文"! 而且,古文经的质量很高,古文《尚书》比官立博士所传的今文《尚书》多了 16 篇,16 篇! 大家知道这意味着什么吗? 官立《尚书》只有 28 篇! 多了五成! 再如《左传》,19 万字! 官立的《公羊传》只有 4.4 万字! 如果它们立为学官,该有多棒! 正如我们在第三讲第三节所述,官立博士对此很反感,多一家博士,就意味着国家多了一个学科点,自家的待遇可能会降低,而且有了要命的竞争压力。这就形成了今古文之争,今文博士排斥古文经,古文经只能传授于民间。西汉后期的皇家图书馆馆长刘歆积极倡立古文诸经,然而:

> 哀帝令歆与五经博士讲论其义,诸博士或不肯置对,歆因移书太常博士责让之。其言甚切,诸儒皆怨恨。(《汉书·刘歆传》)

大家看,哀帝让刘歆与今文博士们"讲论其义",这是什么意思? 这就涉及汉代经学的一个重要制度——开会。学术受皇权引导,固然是我们古典学术史上的特点,但这必须基于皇权对学术制度的遵循。比如武帝的曾孙子宣帝,得知自己的爷爷喜欢《穀梁传》,为了将这一经立为博士,他是怎么做的? 他花了整整二十年,养了一帮年轻才俊,令他们转益多师(特别是研习公羊学,入室操戈),在石渠阁会议上与《公羊》家的博士讲论经义,打赢了这场辩论,才得以立为学官! 然而我们看到,哀帝时的诸家博士都不肯与刘歆"讲论",为什么,怕输不起呗! 刘歆也没辙,只能写封信批评他们,当然遭到了诸家博士的怨恨。

至于**东汉**，经学发生了一些变化。

**首先，严格意义上的章句体得以形成**。"章句"本是诸家博士对经文断句分章，或简单训解字词、名物，阐明经义；到了东汉，渐渐成为便于教授、辩难的官方解经体式，渐渐发展，膨胀到旁征博引、枝蔓琐碎、恨不得包拢宇宙间所有知识的庞然巨物。东汉学者桓谭就指出，解经极端者"说《尧典》，篇目两字之说至十余万言，但说'曰若稽古'三万言"。大家想象一下，"尧典"二字该怎么解释，能写到十万多字！"曰若稽古"是《尧典》的前四个字，这也能扯三万字！如今有的同学写篇三千字的作业都要借助 AI 帮忙拼凑！我们在下文会举几则章句给大家尝尝。

**其次，学术兴盛了，皇权就想伸出触脚了**。这在章帝朝（75—88）达到了高峰，要有二事：一是整合东观。西汉的皇家图书馆基本上对外封闭，今天我们说的"秘书"，就是当时形成的观念；而东观则将西汉以来的各种藏书机构合并为一，并将校雠、修史、著作、讲授等文化职能加以规整。如此，东观得以有效地集中汉家文教资源，为学者提供丰赡的文献、开阔的学术视野、宽松自在的讲学与研习环境。与此同时，东观也成了皇权驾驭学者的一种手段，比如，章帝特诏虽然贫寒但是品学兼优的黄香到东观读书；给臣下赏赐此前不得见的"秘书"；东汉大儒马融年轻时得罪了邓太后，被"滞于东观，十年不得调"。二是开会，比如白虎观会议（79）。学术发展到这时，已经是经义纷呈芜杂，弟子们跟着自家老师背讲义，章句卷帙浩繁，以致朝廷按捺不住，召开会议。诸儒就经学中的核心问题辩论，章帝裁决，班固负责记录，这就是我们今天看到的湮没了诸家姓名的《白虎通义》。我们或可举一例，看看当时皇权对学术的"染指"。元和二年（85）春，章帝巡游至鲁地，祭奠孔子及其弟子：

> 作六代之乐，大会孔氏男子二十以上者六十三人，命儒者讲《论语》。（孔）僖因自陈谢。帝曰："今日之会，宁于卿宗有光荣乎？"对曰：

"臣闻明王圣主,莫不尊师贵道。今陛下亲屈万乘,辱临敝里,此乃崇礼先师,增辉圣德。至于光荣,非所敢承。"帝大笑曰:"非圣者子孙,焉有斯言乎!"遂拜僖郎中,赐褒成侯损及孔氏男女钱帛,诏僖从还京师,使校书东观。(《后汉书·儒林列传》)

章帝问孔僖的话有三重义涵:第一,今日礼祀孔子、兴乐集会、讲习《论语》,展现了国君对儒教的重视、尊重;第二,礼会的节目完全依循儒家的集会传统,章帝作为国君与"先师"两重身份实现了叠合;第三,章帝所问"宁于卿宗有光荣乎",彰显着皇权居高临下的优越感,暗示着皇权对孔圣的超越、对天下学人的统摄。孔僖的响应亦有三层义蕴:首先,明君圣主莫不尊师重道,亦即礼祀孔子、尊重儒教是评判一代国君是否圣明的前提;其次,章帝礼崇孔圣之举能够获得天下学人的服膺与归顺,从而保障帝国长治久安;最后,孔氏虽在血缘方面为孔圣之后,但其身份与天下学人相同,因此章帝带来的荣光"非所敢承"。孔僖不亢不卑地指出礼崇孔子给章帝带来的政治利益,并在辞让"光荣"的谦逊中,将祭祀先师先祖的宗法活动,转变为对皇帝礼崇孔子的颂圣称德以及对皇权的臣服。

　　按照套路,**"最后"往往是最重要的**(last not the least),**民间学术蓬勃兴起**,这是官修史书最易忽略者。上文已谈到,经学成为利禄之途后遂致全民学经,怎么个学法? 崔寔《四民月令》在谈论正月时写道:

　　　农事未起,命成童以上,入太学,学五经谓十五以上至二十也;砚冰释,命幼童入小学,学篇章谓九岁以上,十四以下也。篇章,谓六甲、九九、急就、三仓之属。

当时的乡校,相当于今天的小学和中学,中学生学五经,无可赘言;等到砚台里的冰解冻了,说明气温回升了,小朋友就要学天干地支("六甲")、九九表等基础知识和认字写字,"三仓"指的是李斯的《仓颉篇》、赵高的《爰历篇》和胡母敬的《博学篇》,它们和《急就》都是字书,写在六棱棍上,供孩子们学习。如此可见当时教育的普及情况。我们再举个个例,东汉以来叛逆又奇葩的学者王充,他在《论衡·自纪》中炫耀自己:

> 六岁教书……八岁出于书馆。书馆小僮百人以上,皆以过失袒谪,或以书丑得鞭。充书日进,又无过失,手书既成,辞师受《论语》《尚书》,日讽千字。

在他这段沾沾自喜的讲述中,每个学习阶段都早于普通人,他六岁就开始接受读写的教育,八岁就"出于书馆"——学成"毕业"了!大家不必细思"尊嘟假嘟",纵然此中有夸大之嫌,我们要注意的是王充描绘出当时书馆的情况:写错字了要体罚,写得丑也要挨鞭打;学成基本的书写,进而就可以学《论语》《尚书》这样的典籍,每天要能背个千把字。

经学普及不仅使得儒学观念、常识像芯片般植入国民的脑袋里,而且,**民间通过模拟经学,造作出大量的"谶纬"文献**,对经学产生了巨大的冲击与深远的影响。我导师的博论做的就是谶纬。有一次晚上,我爱人忽然问我:"嗳,你说你是研究经学的,那有没有'纬学'啊?"我顿时来了精神,您要是聊这个我可就不困了啊!我正要给她讲,结果,她睡着了。所以,我只好给大家讲。

什么是"谶纬"?"谶"是占测天道的政治预言,或通过奇特的事物展现,比如一根稻梗上长了九个稻穗(大家想想这种令袁隆平先生震惊的事儿可能不),意味着当时的政治社会令上天满意,降下个"符谶"或"符命"夸奖一下;或以图像的方式展现,这叫"图谶"。"纬"则是与"经"相对、拟效官方经学的书写。总之,这是民间消化、模仿官学,表达政治观点的重要方式,其特点是故弄玄虚、粗陋且追求感观的刺激鲜活。比如表述五行学说中的方位帝,谶纬文献务求语不惊人死不休,《河图》曰:"苍帝方面,赤帝圆面,白帝广面,黑帝深面,黄帝广颡龙额。"《春秋合诚图》曰:"赤帝体为朱鸟,其表龙颜,多黑子。""赤帝之精生于翼下。"每个方位帝的面相不同倒也罢了,必须具备一些灵异、奇诡的内涵。再如传述三皇之一神农,《孝经援神契》曰:"神农长八尺有七寸,宏身而牛头,龙颜而大唇,怀成钤,戴玉理。"《礼纬含文嘉》曰:"神农修德,做耒耜,地应以醴泉,天应以嘉禾。"神农的身高是要符合神圣数字的,容貌不仅不能是人,而且得是多种动物的拼凑,怀里揣的、手上戴的,都得是有特殊内涵的神圣物件。那么上天如何展现神农的德行呢? 甘甜的泉水、丰硕的麦穗,就是符命了。

谶纬自西汉末年从民间蜂起风行,遂被统治者所利用,王莽篡汉、刘秀起兵,乃至曹丕代汉、吴蜀立国,都利用谶纬来作为自家承祚天命的依据。我们在第二讲谈到汉字体系的构造特点,王莽为了抹去刘氏政权的影响,离析"刘"字,便吸收了谶纬文献的表述方式。东汉刚建国,光武帝向全国颁定谶纬,目的是以开放的姿态收回民间继续造作谶纬的权力。结果,谶纬这种故弄玄虚、充满象征、比附、夸张等修辞的文体与思维,渗入经学之中。我们熟知的小时候数星星的张衡,上奏疏提议删掉谶纬,没成功。这些谶纬甚至到孔颖达修撰《五经正义》时仍承担解释经文的功用,直到醉翁欧阳修将它们从《五经正义》中剔除(当然,并未完全剔除干净),这就是为什么我们今天看到的谶纬文献都是支离破碎的只言片语。

## (二)汉代经学的特点——以王逸《楚辞章句》、郑玄注为例

为了进一步了解汉代经学,我们有必要尝尝当时的解经学文献。最好的范本莫过于选一个官学著作——但是对不起,全没了。你没看错,汉代官方解经著作全部亡佚! 这与政治动乱无关,而是学术的"自然选择",在汉魏之际,盛极一时的官方经学,竟被民间古文经学大师们的著作所"覆盖"!

好在我们还能看到一本著作——王逸的《楚辞章句》。虽然他训解的是

古老的楚地歌诗，并非"五经"，但是他当时在东观校书，为了出成果、升迁，模拟当时的官方解经体式"章句"来训解《楚辞》。结果，这么一本不伦不类的书——大家想象一下用现代学术范式研究周杰伦的歌词好了，放在今日，却因其镜像品性，成为我们考察"章句"的重要文献。我的博论就是研究这个的，对它熟得不得了，这就与大家尝尝看。

首先请大家思考一下，屈原所作的"《离骚》"是啥意思？后来范仲淹写《岳阳楼记》，"迁客骚人"，"骚人"怎么解？我们读高中时学过一段司马迁给屈原写的传记，说"《离骚》者，犹'离忧'也"。"离"的传统写法作"離"，通"罹"，意为"遭到"；"骚"就是"忧愁"。这是动宾结构，开宗明义地展现屈原的悲催遭遇。问题来了，这个解释从哪来的？是屈原的本义吗？是的。《离骚》"进不入以离尤兮"，《山鬼》"思公子兮徒离忧"，可见，正是屈原如此使用，形成了汉人的这一解释。

但是在经学场域中，如此训解有点不够"意思"，王逸在《离骚章句前叙》中解曰：

> 离，别也。骚，愁也。经，径也。言己放逐离别，中心愁思，犹依道径，以风谏君也。故上述唐、虞、三后之制，下序桀、纣、羿、浇之败，冀君觉悟，反于正道而还己也。

大家看到，王逸为"离骚"增加了"经"字，这是他拟经的重要举措，必须把《离骚》造作成"经"。这是古人的老伎俩了，早在墨家学派时，就造作《墨经》，方士们造《山海经》，就连养马贩马的都有《相马经》。我们要特别注意的是，王逸的训解方式与"遭忧"已截然不同，"遭忧"是转换思维，"离骚＝遭忧"，而《离骚章句》里的"别-愁-径"是离析思维，王逸通过对"离骚"进行拆解与分训，消解掉了原有的词义结构：释"离"为"别"，将本义为"罹难、遭受"的动词转化为对屈原遭受放逐的行迹与苦难的概括；将"经"曲解为"径"，以音训的方式在"经"与"径"之间建立联系,由此展现屈原作《骚》绝非俗儒所谓"怨君""扬己",而是依循人臣、诗人的"道径"进谏君主,具有道义、经义的双重依据。至此,王逸在拆解开来的"别""愁""径"之间建立起了具有述行意义的逻辑:屈原由于遭受放逐,因而忧愁哀思,流放之际犹不忘在儒家的谏礼规范中讽谏国君。在此基础上,王逸进一步总结"别-愁-径"的内容思想要在陈述先王之道、反思历史教训。至此,《离骚》不再是遭忧抒怀的文人辞赋,而成了"遭放-愁思-依道讽谏"、综述古今君主得失的历史书与进谏书。

这就是章句! 我们再举一例,以加强大家的认识。大家都知道《离骚》开篇的"名余曰正则兮,字余曰灵均"吧,屈原说我爹给我起的名是"正则",字是"灵均",这俩词当然有美好内涵,但到底是什么呢? 王逸就从这方面下功夫,《章句》解曰:

> 正,平也。则,法也。灵,神也。均,调也。言正平可法则者,莫过于天。养物均调者,莫神于地。高平曰原,故父伯庸名我为平,以法天;字我为原,以法地。言己上能安君,下能养民也。

大家注意章句体的解经手法,王逸先拆解了经文中具有阐发空间的"正则""灵均"二词,进而将离析开来的义项进行连缀,并敷衍成句。语言学界将这种训解方式命以"同义并列词语的'同素异序'",并统计出王逸在《楚辞章句》中训解而敷衍成复音词计 246 例。《章句》勾连"正-平"与"法-则",为两个意义体建立起"正平可法则者"的因果逻辑;以关联之法将"均"解为"养物均调",并置换"灵""均"两个义项的次序,接以"莫神于地":如此将"正则""灵均"分属"天"与"地"的意义结构之中。《章句》进一步由"正,平也"牵连到屈原名"平",由"莫神于地"延伸到屈原字"原",这一阐发不仅契合屈原的史传真实,而且将屈原的名与字纳入模拟天道的神圣秩序中,展现出稽合天道的义蕴。

　　我们由此了解，**章句体的特点之一是分文析字、附会饰说**。惟其如此，方可从几个字的经文中，阐发出几百字乃至上千字的意义世界。这一解经方式也渗透、扩展到了民间宗教信仰领域中。我们今天能看到的最早的道教典籍《太平经》，不仅自造经文，如《师策文》"师曰：吾字十一明为止，丙午丁巳为祖始"，而且自为"章句"：

　　　　师曰吾字十一明为止：师者，正谓皇天神人师也；曰者，辞也，吾乃上辞于天，亲见遣，而下为帝王万民具陈，解亿万世诸承负之谪也……十者，书与天真诚信洞相应，十十不误，无一欺者也，得而众贤各自深计其先人皆有承负也，诵之不止，承负之厄小大，悉且已除矣；一者，其道要正当以守一始起也，守一不置，其人日明乎，大迷解矣。（《太平经·解师策书诀》）

限于篇幅，我们就不具体解释这段话了，大家一目了然，"经文"中的每个字都被离析开来，一一为之训释。

　　我们再举一例，看看经学对民间方术、谶纬的吸收。《离骚》有一句"朝搴阰之木兰兮，夕揽洲之宿莽"，屈原说自己及时勉励，以采摘香草比喻修养德行。《章句》是这么解释的：

　　　　搴，取也。阰，山名。揽，采也。水中可居者曰洲。草冬生不死者，楚人名曰宿莽。言己旦起升山采木兰，上事太阳，承天度也；夕入洲泽采取宿莽，下奉太阴，顺地数也。动以神祇自敕诲也。木兰去皮不死，宿莽遇冬不枯，以喻谗人虽欲困己，己受天性，终不可变易也。

这段训解的最后一句阐发出经文中木兰、宿莽的内在品性，并将之比附为屈

原不畏谗佞、坚韧不拔的政治品格,而此种种均建立在加点句子阐发的基础上,其关节点有二:

其一,王逸将屈原的譬喻修辞实指为具体的动作,"搴木兰"成了"上事太阳,承天度","揽宿莽"成了"下奉太阴,顺地数",屈原的举止转化为具有宇宙论意义的仪式。这一"上事""下奉"实有着悠久的方术知识传统,我们在第一讲第五节谈到马王堆帛书《导引图》绘有呼吸吐纳、导引养生的图像,那个"弯腰哥"像电池一样,手持二杖,上指天,下导地,沟通阴阳。王逸的训释清晰地展现出"旦-木兰-太阳-天度"与"夕-宿莽-太阴-地数"这一对称、整饬的"法术"。

其二,训释中为屈原阐发的事奉"太阴""太阳"之术,本为《易》学术语,在谶纬文献中十分常见,往往用于对天文、物类属性进行两极概括。道教文献则多用这对词语阐说政治,如《太平经》论及"流星变光","见太阳星乃流入太阴中",解曰:

> 太阳,君也;太阴,民臣也。太阳,明也;太阴,闇昧也。今闇昧当上流入太明中,此比若民臣暗昧,无知困穷,当上自附归明王圣主,求见理冤结。(《太平经·来善集三道文书诀》)

又有以儒家伦理比附"太阳""太阴"者:

> 乐为天之经,太阳之精。孝为地之经,太阴之精。……故乐为天为上,孝为下象地。地者下,承顺其上,阴事其阳,子事其父,臣事其君。君上事天,地亦事天,天事其上,故与地同气,故乐与孝最顺天地也。

这些材料所阐说的内容各异,但言说方式与《离骚章句》完全一致,呈现出二元相辅或对立的空间秩序,在"天-地"的空间框架与"阴-阳"的象征结构中进行附饰与发挥。王逸不论是将"庚寅"分属"阴正""阳正"，还是将"正则""灵均"之名或"采木兰""取宿莽"之举拟法"天地"，都展现出"上-下"对称的空间意识。

通过这样的阐发，屈原不仅是一位忠君爱国、具备坚贞的政治品格的士大夫，而且成为一位合乎神圣仪式、"动顺"天地之道、谙熟方术知识的"真人"。如此，他的作品得以成为拟效五经，含蕴天地之道、先王之道的经典文本。这就是章句体。

讲完官方解经体式，我们就要谈谈**古文经学**了。从章帝朝起，朝廷开始大力扶持古学，令学者们选拔高材生研习《左传》《穀梁传》、古文《尚书》和《毛诗》。到了安帝朝，对古学也设立了"三署郎"这样的职位，虽然不是博士弟子，但也能拿俸禄，有点像我们今天的"编制内""编制外"。古学兴盛了，民间学术的活力远远超过了博士倚席不讲、弟子们背章句应付考试的官方经学，一代代的古学大师遂应运而生。我们在这里只讲一人，最最重要的一人，**郑玄**（127—200）。

郑玄是山东高密人，年少时在乡里当小吏，收收赋税、调解村民们闹别扭。他实在不喜欢这些，常到学校里学经，老爹多次怒怼也不管用，就是一心向学。他早年在太学，研习今文经学；后来又师从张恭祖，研习《周礼》《礼记》《左传》、古文《尚书》等古文经；感觉在山东没的学了，乃西入关，通过大儒卢植师从马融。扶风马氏，那可不是盖的，军功集团之后，大家族，马融在当时最被人称道的是他坐在堂上，在宴饮、舞乐期间讲经。马融有门徒四百余人，但是能升堂跟着他学习的只有五十余人。郑玄自然跻不进身，跟着马融的高级弟子学了三年。有一天，马融会集弟子们考论图纬，听说郑玄善于算数，就在楼上召见他，这是东汉两位大儒的第一次见面。郑玄向马融请教这三年来的研经疑问，马融作答毕，郑玄说，俺要回去了。马融感叹："郑生今去，吾道东矣。"

西晋永嘉之乱（311）之后，今文经学几乎被古文经学所替代。即以郑玄而言，他转益多师、博通精深，以古学为宗，兼收今学之说。据《后汉书》载，"凡玄所注《周易》《尚书》《毛诗》《仪礼》《礼记》《论语》《孝经》《尚书大传》《中候》《乾象历》，又著《天文七政论》《鲁礼禘祫义》《六艺论》《毛诗谱》《驳许慎五经异义》《答临孝存周礼难》，凡百余万言"。"郑玄括囊大典，网罗众家，删裁繁诬，刊改漏失，自是学者略知所归"。

我们举一例尝尝看。比如《周礼·天官·冢宰》叙列"九嫔、世妇、女御"三个职位，该如何解释？我们结合下文的语境就能清楚地看到："九嫔掌妇学之法"；"世妇掌祭祀、宾客、丧纪之事"；"女御掌御叙于王之燕寝，以岁时献功事"。总之，她们并非周王的后宫，而是女性官员。至于"九嫔"的"九"是成数，以表众多，清代学者孙诒让总结天官员数时指出，"九嫔、世妇、女御无员数……不可计（《周礼正义·天官·叙官》)"。但郑玄精熟今（《礼记》）古（《周礼》）文经，他相信三《礼》是相通的，他相信周人的官制也如同秦汉那般严整有序，因此，他在"九嫔"下注云：

> 嫔，妇也。《昏义》曰："古者天子后立六宫，三夫人、九嫔、二十七世妇、八十一御妻，以听天下之内治，以明章妇顺，故天下内和而家理也。"不列夫人于此官者……

大家看，在郑玄的解释中，"九嫔"成为后宫了！他援引《礼记》的《昏义》篇，罗列出古代天子的后宫员数与次第，"九嫔"就如一个坑一个萝卜般，有了自己的"归属"，而且"九"也有了着落，成为具体员数。如此，《周礼》就与《礼记》融通一义了，《周礼》的经文在《礼记》中也有了经典依据。郑玄还担心大家认为他曲解似的，特意解释为什么《周礼》只提"九嫔""世妇"，却没提到《昏义》中的"夫人"。

关于古代天子后宫员数，郑玄有坚定的观点与完备的论说，并一以贯之于三《礼》注中，其于《礼记·檀弓》"舜葬于苍梧之野，盖三妃未之从也"下注云：

　　[1]帝喾而立四妃矣，象后妃四星，其一明者为正妃，余三小者为次妃。[2]帝尧因焉。至[3]舜不告而取，不立正妃，但三妃而已，谓之三夫人。《离骚》所歌"湘夫人"，舜妃也。[4]夏后氏增以三三而九，合十二人。《春秋说》云"天子取十二"，即夏制也。以虞夏及周制差之，则[5]殷人又增以三九二十七，合三十九人。[6]周人上法帝喾立正妃，又三二十七为八十一人以增之，合百二十一人。其位后也，夫人也，嫔也，世妇也，女御也，五者相参，以定尊卑。

这段注文的解释重心本在"舜妃"，但经文中的"三妃"一词调动起郑玄关于后宫员数的知识积累，于是，他拟构出古代天子后宫的演进谱系。首先，对于帝喾所立妃数，郑玄将之比附为四星，并分为"一明者"与"余三小者"。其次，周朝后宫"百二十一人"这一数字，来自郑玄于《礼记》注中所建构的周代外朝官阶员数"百二十人"。为了将周天子后宫凑此成数，郑玄运用叠加稽合之法：帝喾立一正妃，三次妃，尧因之，舜只立三妃；夏朝增以"三三而九"，加上三妃，计十二人；商朝又增九的三倍（二十七），加上夏朝所立员数，后宫计三十九人；周朝既法帝喾立正妃，又增二十七的三倍数（八十一），加上商朝所立员数，共计百二十一人（1＋3＋9＋27＋81）。这个数字不仅与其建构的《周礼》员数相应，又可分为后、夫人、嫔、世妇、女御五级；相应地，嫔正合九人，与上文郑玄注"九嫔"完美匹配。

　　这一将后宫员数与朝臣员数相匹配的思想正是时儒通识，如王莽闻刘玄称帝，遂"备和嫔、美御、和人三，位视公；嫔人九，视卿；美人二十七，视大夫；御人八十一，视元士：凡百二十人，皆佩印韨，执弓韣"（《汉书·王莽传》）。至于郑众注《周礼》"以阴礼教六宫"，亦以"六宫后五前一。王之妃百二十人：后一人，夫人三人，嫔九人，世妇二十七人，女御八十一人"。

至此，我们稍微喘口气，大家对汉代经学有何感想？会不会觉得它们甚至不能称为"学"？尤其是与上一讲熠耀生辉、深邃犀利的诸子学相比，汉代经学分文析字、附会饰说、稽合诸经的训解方式，类比、关联、构序的思维，对法术、仪式乃至神秘事物的重视，令我们看不到个体的思想学说，只感到经典的神圣、文化的浑厚、皇权的威严。这一表面的学术停滞乃至倒退，实则是在以阴阳五行学说吸纳万事万物构建而起的"新天道"中，经学（以及纬学）承担了政治教化、整合知识的文化使命，在国学思想的发展历程中至关重要。

### （三）魏晋以来玄学、佛学对经学的影响

关于这一节的设计，我颇费踟蹰。我们依循上节的思路，这一节要谈论魏晋南北朝时期的经学，但是该时段的经学与玄学、佛学相互渗透、融合，我们很难根据一个人的身份来判定他的学术思想。很多玄学家、僧人精研经学，很多士大夫研习玄学、佛学，就好比我们今天没法说某个人是传统的或现代的，因为我们就生活在传统与现代两种文化交融之中。如此，经学、玄学、佛学各占一节的结构就得取消掉。这一节我们要重点讲玄学，还得捎带着讲点佛学，特别是两者对经学的影响——玄学可能会有点不大高兴，说起来，玄学是对经学未涉及问题的补充与推进，比如重建新的名教秩序、讨论性与天道等。"凭什么下一节仍专列佛学，而我却被合并到这里了！"按照劳思光的观点，玄学既未形成授受有序的学派，后来又悄然消失，称不称得上严格意义上的"学"尚是个问题，所以我们只好委屈玄学老哥了。

**玄学的兴起与"清谈"密切相关**，有两个**背景**：一是**举孝廉的人才选拔制度出了问题**，二是**子学兴盛**。我们知道，东汉的人才主要是地方举荐，有的人以道德出名，就举为孝廉，有的人以文学著称，就举为秀才。久而久之，社会上就滋漫起弄虚作假、沽名钓誉的风气，把持人才举荐权的官僚、士族也

会为了扩大自家的势力而推荐"内部人士"（我一说这个词，大家就秒懂了）。大家去看看"二十四孝"，绝大多数都是这时的产物，在桓帝、灵帝朝，民间流传着这样的谣谚："举秀才，不知书。举孝廉，父别居。寒素清白浊如泥，高第良将怯如鸡。"后来黄巾起义，曹操为了打压世家大族而推行"唯才是举"，司马氏为了捍卫世家大族而重提"名教"，都是这一人才选拔制度的余波。因此，如何品鉴人物的才与性？如何检验一个人物的名与实是否相配？这就成了士大夫们深为关注的问题，"清谈"一词最早的涵义也是用于此，比如《三国志》载许靖"虽年逾七十，爱乐人物，诱纳后进，清谈不倦"。这老哥是许劭的弟弟，哥俩都是著名的人物批评家，天天没别的事，就是品评人物，推举人才。

至于促使人物品评从话题上升为学问，子学兴盛非常关键。儒学在对思辨性要求很高的道论构建方面有天生的缺陷，我们看它依附经学就发现了，它借用兴于齐地的阴阳五行理论，将世间万物都塞进一个类似式盘的框架中，好像这就是建成了，实则只是关联的、平面的思维。因此当经学极盛之时，博学通儒就会从儒学之外吸取养分。东汉中后期，《老子》成为学人们训解的热点，此外还有《吕览》《淮南》等。南朝梁的刘勰追述"魏之初霸，术兼名法"；西晋隐士鲁胜撰《墨辩序》，指出"名者所以别同异，明是非，道义之门，政化之准绳也"；《世说新语》载谢安"年少时请阮光禄道《白马论》"。当学人们以《老》《庄》、名法之学思考、讨论人物的才与性、名与实等问题时，就渐渐脱离了具体现象，朝着形而上的思辨方向发展了。

由此，我们不妨说，玄学实为儒学精进的产物。士大夫们一方面反思时政，一方面旁通子学。汤用彤说得极好，玄学主张"无"为本体，讨论天道重视本体存在而轻视具体的构成质料，讨论人事则重视神理而忽略具象。当时很多学人以玄学思想著书立说，其中影响最大的是天妒英才的**王弼**（226—249），最重要的观点是"**言意之辨**"。

我们在上一章讲《老子》的"道可道，非恒道"就谈到言与意之间的关系，由于言有局限性，因此无法穷尽意；但是言又是意的表象、载体，我们需要通过言去探求意。但是当我们获得意了呢？①我们可以用言来表述吗？不！一旦说出来，就不是那个真意了！②这时言还重要吗？我们的目的不就是意吗？所以陶渊明看到"山气日夕佳，飞鸟相与还"，明白了"此中有真意"，但是对不起，"欲辨已忘言"。王弼正是从"以无为体"出发，进而主张"得意忘言"。这一创发在他所作《易略例·明象章》中有清晰的表述。我们在第三讲了解到，《周易》每一卦都有卦象，战国秦汉以来，学者们根据卦象，进而细化到每一卦的六根爻之间的相互关系，以此来解释卦义，这就是学界所谓"象数派"的解释方法。然而王弼却在《易略例》中指出：

> 尽意莫若象，尽象莫若言。……故言者，所以明象，得象而忘言；象者，所以存意，得意而忘象。犹……筌者所以在鱼，得鱼而忘筌也。……然则忘象者，乃得意者也；忘言者，乃得象者也。

在这段文字的第二行，王弼引用了《庄子》的一个典故，"筌"是捕鱼的筐，既然捕到了鱼，就可以把筌丢一边了。因为鱼是目的，筌是方式。鱼是体，筌是用。汤用彤指出，这一比喻施于《周易》，就是说我们解释《周易》时不能陷在卦象、爻、文辞之中，我们应该忘言忘象，体会言、象所蕴含的真意。

大家别小看这一方法论的创新，直接扫除了汉代《易》学纠结于象数的冗杂芜乱。我给大家举个例子，《复▤·象》曰："复，其见天地之心乎！"这是《象》传对《复》卦的总结性解释，"复"意为往复更生，这就是天地运转的要道，所以可从"复"看到"天地之心"。东汉末年的荀爽是这样解释的："复者，冬至之卦。阳起初九为天地心，万物所始，吉凶之先，故曰'见天地之心'。"他说《复》卦是"冬至之卦"，这就是汉代的"十二消息卦"之说。汉人根据卦象，从六十四卦里选出十二个卦来展现一年之中阴阳二气的消长，比如冬至，我们知道是太阳直射点北返的转折点，所以从这一天起，阳气就开始慢慢萌生了。大家看《复》卦象，一根阳爻在最底下，上面全是阴爻，象征着阳气慢慢萌生，因此《复》就是"冬至之卦"。大家看左图，可以直观地看到汉人的这一学说的展现。荀爽就是用这一学说解释"天地之心"的，大家品品，真是"听君一席话，如听一席话"，没什么思想的创发。三国吴的虞翻解释得更猛："坤为复。谓三复位时，离为见，坎为心，阳息临成泰，乾天坤地，故'见天地之心'也。"怎么样，同学们，每个字都能看懂吧？连在一起，他说了啥？首先，虞翻把《象》辞离析为"见""天""地""心"四字，然后逐一解释：阳息于坤☷，就是复☷；复卦的第三爻为阴，失位，复位后就是离☲，离象为"见"；若第三爻复位为阳，那么从第二至第四爻，就成了坎☵，坎象为"心"；复卦初爻为阳，阳到了第二爻就是临☱，到了第三爻就是泰☳，即"乾天坤地"。虞翻的解释可谓集汉《易》象数之学之大成，大家还没睡着吧。

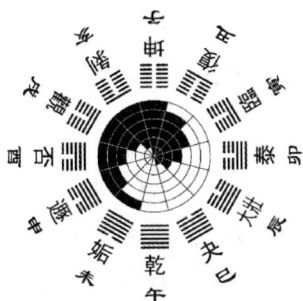

十二消息卦象图

至于王弼，在"得意忘言"的方法论与贯通《老》《庄》的玄学理念下，摒弃卦象、文辞，径谈"复"的内涵：

> 复者，反本之谓也，天地以本为心者也。凡动息则静，静非对动者也。语息则默，默非对语者也。然则天地虽大，富有万物，雷动风行，运化万变，寂然至无，是其本矣。故动息地中，乃天地之心见也。若其以有为心，则异类未获具存矣。

大家看看，王弼这一思辨性的文辞与侧重描述的荀、虞之言完全不同吧。王弼直入问题本质，为什么"复见天地之心"呢？因为"复"就是"反（返）本"，而天地就是以"本"为"心"。那么，这个"本"是什么？"寂然至无，是其本矣"。王弼为"复"阐发出"返"意，实为《老子》道论中的一个重要内涵。我们在第

137

四讲已引过"道……曰大,大曰逝,逝曰远,远曰返",那么,返往何处?第十六章:"万物并作,吾以观其复也。夫物云云,各复归其根。归根曰静,静,是谓复命。"返本归静。王弼正是围绕"复"的这一内涵,阐发出以无为本、以静为体的玄理。

我也承认,这一节的案例有些艰深,然而通过精读一二文本,我们看到,玄学是如何融合道家与儒家的思想,如何改变了解经的方式与思路,如何影响了经学(王弼对《周易》的解释全部保留在《五经正义》中)。限于篇幅,我们就说到这里。

最后,我们也稍微谈谈**佛教徒们讲经**对经学的影响。一是**设置"都讲"**。其实东汉经师们讲经就有都讲了,只是由弟子担任,有时老师讲得精彩,还会有祥瑞,比如"冠雀衔三鳝鱼,飞集讲堂前",都讲生捧着鸟们衔的鱼去拍老师马屁。魏晋以降,儒家讲经效仿佛家,设"都讲"为总讲,比如齐高帝建元四年(482),祖莹十二岁,被张天龙博士选为都讲,讲《尚书》。他熬夜苦读,一不留神到第二天早上了,催他催得紧,他仓促间拿卷书就入堂上座了。结果书一翻开,傻眼了,拿了卷《礼记》!但他怕被张博士"怼",硬着头皮讲了三篇《尚书》。二是**都讲要上座**,也就是坐得比别人高,这就非常有**仪式感**了。东汉以来,儒生们形成了"夺席"之制,就是大家在一起辩论,每人都长跪在一片席子上,假如你辩赢别人了,别人的席子就归你了。有一年元旦,光武帝让学者们说经辩难,戴凭把场上五十多人的席子都夺下了,出足了风头,江湖人称"解经无双戴侍中"。魏晋以降,大家在一起讲经,谁是都讲谁就升座,就连毁佛的北周武帝也不能免俗,"升高坐,辩释三教先后"。三是**讲经要"发题"**,也就是解题,将要讲的篇章要义阐发一下。

佛教徒们为了便于讲经,总结讲经之余的成果,遂撰写"**义疏**"。"义"即阐发佛经中的大义,"疏"即精详疏通佛经中难解之处。"义疏"体有两个特点,一是重视分章段,条分缕析地梳理经义;二是作设问,以一问一答的方式阐述经义。这两点都被经学吸收了,甚至今天我们考察南朝最先为"五经"

撰作义疏的人，竟然是慧远和尚。《高僧传》载：

> （慧）远内通佛理，外善群书。夫预学徒，莫不依拟。时远讲《丧服经》，雷次宗、宗炳等并执卷承旨。次宗后别著义疏，首称雷氏。宗炳因寄书嘲之曰："昔与足下共于释和尚间面受此义，今便题卷首称雷氏乎？"

慧远所讲的《丧服》，是《礼记》中的一篇，深为南北朝学人所乐道，讲玄学的人也喜欢从这篇中阐发义理。雷次宗在经学史上是留名的，他曾两度被刘宋的皇帝请到南京来讲学。有意思的是，他听完慧远的讲解，回家就写了卷义疏，先署自己的名字。这个小故事堪为儒学吸收、消化佛学的义疏体的缩影。

### （四）《五经正义》精选精读

至此，我们可以讲讲《五经正义》了。这个"正义"当然不是"邪恶"的反义词，"正"是**常**、**通**、**公共**，整合、厘定汉魏以来纷繁芜杂的经义。通过上面的讲述，我们已了解到经学发展的"汹涌恣肆"。当大一统的帝国（唐）再度建立，为了保证科举考试的公平、平息南北经学之间的争衡，唐太宗命孔颖达主持，颜师古、司马才章等二十余位学者分经编修《五经正义》，历时十八年（642—659 年），"兼采众说，务归一义"（皮锡瑞《经学历史》）。比如《周易正义》以王弼义理为主，兼采汉代象数学说；《左传正义》以杜预注为本，兼采贾逵、服虔旧说。经学经由魏晋南北朝三百多年的精义纷呈，再度定尊为一，成为唯一指定教材、标准答案。

限于篇幅，我们在此仅选《毛诗正义》中的片段，供大家尝尝。之所以选《诗》，是因为稍微容易读一点，大家往下看一眼选文，就知道我没在开玩笑。《毛诗正义》包含了四层内容：

①《诗经》正文（以**黑体**标识），用的是战国秦汉之际的民间学者鲁人毛亨、赵人毛苌编定的本子，在官立经学的齐、鲁、韩三家之外，称为"毛诗"；

②"故""训""传"（以宋体标识），当今学界认为很可能是毛亨一派对《诗经》的训释，至晚于郑玄看到时，三者已合为一体，又简称为"毛传"；

③郑笺（以**隶书体**标识），郑玄遍注群经，由于《毛诗》已经有"注"（即上"故训传"），故谦虚地称自己作的是"笺"，用他自己的话说："其（毛）义若隐略，则更表明；如有不同，即下己意，使可识别。"

④疏（以仿宋体标识），意为"疏通"，既疏通经义，也疏通毛传、郑笺等注文，孔颖达在北朝至隋朝学者刘焯《毛诗义疏》、刘炫《毛诗述义》的基础上"削其所烦，增其所简"。

大家注意，假如你在唐代，看到的这部书，只有疏文，经文、注、笺都是另外的单行本。到了南宋，建阳书商为了便于读者（销量），将初唐陆德明解释经文音义的《经典释文》（以楷体标识）散入经、注之下出了个三合一本，结果大卖；没过多久，就有书商将经、注、疏、《释文》整合一起。我们今天看到的清嘉庆年间阮元校刻的《十三经注疏》，就是这种四合一本，如下所示：

**关关雎鸠，在河之洲。**

兴也。关关，和声也。雎鸠，王雎也，鸟挚而有别。水中可居者曰洲。后妃说乐君子之德，无不和谐，又不淫其色，慎固幽深，若关雎之有别焉，然后可以风化天下。夫妇有别则父子亲，父子亲则君臣敬，君臣敬则朝廷正，朝廷正则王化成。

笺云：挚之言至也，谓王雎之鸟，雌雄情意至然而有别。

按：毛传首先指出这句是起兴，进而逐字训解。这首诗为何要从关雎说起呢？是因为后妃悦乐君子，但又慎固自持（这就好比我们今天喜欢一个人，要维持礼貌、自尊自重，不宜太奔放），就像关雎之有别，如此，后妃这样的德行就能教化天下。最后，毛传由内往外推，夫妇有别→父子亲→君臣敬→朝廷正→王化成。

按：郑玄觉得自己没啥好补充的了，就把毛传里的"挚"详解一下。

按：这就是陆德明《经典释文》的解释

○雎，七胥反。鸠，九尤反，鸟之有至别者。洲音州。兴，虚应反，沈许甑反。案：兴是譬谕之名，意有不尽，故题曰兴。他皆放此。挚本亦作鸷，音至。别，彼竭反，下同。说音悦。乐音洛。谐，户皆反。朝，直遥反。廷，徒佞反。

了。他主要是注音，比如这个"七胥反"是反切法，东汉末年才出现，用第一个字（七）的声母和第二个字（胥）的韵母及声调拼读而成。"他皆放此"的"放"是"仿"，意为以下都依循这个通例。大家读经遇到这样的句子，不妨标记出来，这是古人的发凡起例，可见古人对文本的结构性理解。

## 窈窕淑女，君子好逑。

窈窕，幽閒也。淑，善。逑，匹也。言后妃有关雎之德，是幽閒贞专之善女，宜为君子之好匹。

笺云：怨耦曰仇。言后妃之德和谐，则幽閒处深宫贞专之善女，能为君子和好众妾之怨者。言皆化后妃之德，不嫉妒，谓三夫人以下。

按：至此，毛传解释了一节，建立起了[关雎-后妃-君子]的政治教化的比喻体系。

按：这里的"仇"是"逑"的异体字，俩字可互用。毛传以"逑"为配偶，郑玄则解释为"怨偶"，为什么？后宫那么多人，难免会有怨妒之情啊！大家注意，郑笺与毛传的意思不同，毛传说后妃就是幽闲贞专之善女，但郑笺说后妃之德感化了后宫，使得那些幽闲贞专之善女团结众妾之怨者（怨耦），所以郑笺说的"逑"不是后妃，而是后妃下面的三夫人、九嫔。

○好，毛如字，郑呼报反。《兔罝》诗放此。逑音求，毛云"匹也"，本亦作仇，音同。郑云"怨耦曰仇"。閒音闲，下同。耦，五口反。能为，于伪反。嫉音疾，徐音自后皆同。妒，丁路反，以色曰妒。

按：这里先指出毛公与郑氏关于"好"字读音的不同，毛是第三声，郑读作第四声了，如此，词性也随之变化。《兔罝》也是《诗经》的一篇，文中有"公侯好仇"，即与这句经文中"君子好逑"的用法一样。

【疏】"关关"至"好逑"。　○正义曰：毛以为关关然声音和美者，是雎鸠也。此雎鸠之鸟，虽雌雄情至，犹能自别，退在河中之洲，不乘匹而相随也，以兴情至，性行和谐者，是后妃也。后妃虽说乐君子，犹能不淫其色，退在深宫之中，不衰渎而相慢也。后妃既有是德，又不妒忌，思得淑女以配君子，故窈窕然处幽闲贞专之善女，宜为君子之好匹也。以后妃不妒忌，可共以事夫，故言宜也。　○郑唯下二句为异，言幽闲之善女谓三夫人、九嫔，既化后妃，亦不妒忌，故为君子文王和好众妾之怨耦者，使皆说乐也。

（按：这段正义解释经文，大家细读一过便可发现，此文基本上吸纳了毛传、郑笺的意旨，像老师上课那样又详细梳理了一遍。"郑唯下二句为异"即郑笺的意思与毛传不同，因此再作解释。）

○传"关关"至"王化成"。正义曰：《释诂》云："关关，雍雍，音声和也。"是关关为和声也。"雎鸠，王雎也"，《释鸟》文。郭璞曰："雕类也。今江东呼之为鹗，好在江边沚中，亦食鱼。"陆机《疏》云："雎鸠，大小如鸱，深目，目上骨露，幽州人谓之鹫。而扬雄、许慎皆曰白鹥，似鹰，尾上白。"定本云"鸟挚而有别"，谓鸟中雌雄情意至厚而犹能有别，故以兴后妃说乐君子情深，犹能不淫其色。传为"挚"字，实取至义，故笺云"挚之言至，王雎之鸟，雄雌情意至然而有别"，所以申成毛传也。俗本云"雎鸠，王雎之鸟"者，误也。"水中可居者曰洲"，《释水》文也。李巡曰："四方皆有水，中央独可居。"《释水》又曰"小洲曰渚""小渚曰沚""小沚曰坻"。"江有渚"，传曰："渚，小洲也。"《蒹葭》传、《谷风》笺并云"小渚曰沚"，皆依《尔雅》为说也。《采蘩》传曰"沚，渚"，《凫鹥》传曰"渚，沚"，互言以晓人也。《蒹葭》传文云："坻，小渚也。"不言小沚者，沚、渚大小异名耳，坻亦小于渚，故举渚以言之。和谐者，心中和悦，志意谐适，每事皆然，故云"无不和谐"。又解以"在河之洲"为喻之意，言后妃虽悦乐君子，不淫其色，能谨慎贞固，居在幽闲深宫之内，不妄淫亵君子，若雎鸠之有别，故以兴焉。后妃之德能如是，然后可以风化天下，使夫妇有别。夫妇有别，则性纯子孝，故能父子亲也，孝子为臣必忠，故父子亲则君臣敬。君臣既敬，则朝廷自然严正。朝廷既正，则天下无犯非礼，故王化得成也。

（按：这段正义疏通第一句经文下的毛传，就像证明题一样，将毛传训解的出处、依据、相关文献逐一列出，既印证毛传的训解，也更为详尽地使学者知晓具体涵义。）

〇传"窈窕"至"好匹"。正义曰：窈窕者，谓淑女所居之宫形状窈窕然，故笺言幽闲深宫是也。传知然者，以其淑女已为善称，则窈窕宜为居处，故云幽闲，言其幽深而闲静也。扬雄云"善心为窈，善容为窕"者，非也。"逑，匹"，《释诂》文。孙炎云："相求之匹。"《诗》本作逑，《尔雅》多作仇，字异音义同也。又曰"后妃有关雎之德，是幽闲贞专之善女，宜为君子之好匹"者，美后妃有思贤之心，故说贤女宜求之状，总言宜求为君子好匹，则总谓百二十人矣。

（按：这段正义疏通第二句经文下的毛传，我们读到最后会看到，孔疏弥合了毛传和郑笺的异义，后妃有德，什么德？思求"君子好匹"的贤女！求多少个？120 个，这就是郑玄的"后宫体系"了。）

〇笺"不嫉"至"以下"。正义曰：下笺"三夫人、九嫔以下"，此直云"三夫人以下"，然则九嫔以下总谓众妾，三夫人以下唯兼九嫔耳，以其淑女和好众妾，据尊者，故唯指九嫔以上。求菜论皆乐后妃之事，故兼言九嫔以下，总百二十八也。若然，此众妾谓世妇、女御也。《周礼》注云："世妇、女御不言数者，君子不苟于色，有妇德者充之，无则阙。"所以得有怨者，以其职卑德小，不能无怨，故淑女和好之。见后妃和谐，能化群下，虽有小怨，和好从化，亦所以明后妃之德也。此言百二十人者，《周南》王者之风，以天子之数拟之，非其时即然也。何者？文王为诸侯早矣，岂先无嫔妾一人，皆须后妃求之？且百二十人之数，《周礼》始置，郑于《檀弓》差之：帝喾立四妃，帝尧因焉；舜不告而娶，不立正妃；夏增以九女为十二人，殷则增以二十七人为三十九人，至周增以八十一人为百二十人。当殷之时，唯三十九人，况文王为诸侯世子,岂有百二十人也?

(按:大家注意画横线处,郑玄在下文"参差荇菜,左右求之"的笺注中提到了"三夫人、九嫔以下",但为何此处笺注只提"三夫人"呢? 这就是孔疏要弥缝的问题了。第二处横线处,指下文"言后妃将共荇菜之菹,必有助而求之者。言三夫人、九嫔以下,皆乐后妃之事"这句笺注。解释完两处郑笺之异,孔疏又要解释为什么后宫是百二十人,延续了郑玄的关注。)

真的是篇幅有限,我只能做如此讲解。关于唐代学人的经学,大家感想如何?

## 二、佛学的兴起、要义与禅宗的创发

佛教对中国思想文化产生的影响的深远程度,只怕当年从印度将佛经译介到中国、长途跋涉、不畏艰险的佛教徒不曾想到,正是他们虔诚的信仰、坚毅的信念,使得佛教融入国学之中,以至于今天我们脱口而出的词汇(如"法门""缘分"等)、思维方式(如"下辈子""报应"等)无不出自佛教。大家回想看过的电影(俯拾即是,如《无间道》《一代宗师》等),都是佛学思想的表达;大家看看身边,香火旺盛的佛寺从未离开我们的视线。我们一想到佛教、佛学,会想到什么? 是不是灵验的观世音菩萨救苦救难? 是不是佛法无边、降妖伏魔? 其实,这些观念都是佛教向世俗普及的产物,以至于我们大多数人对佛学的概念、要义不甚明了。我导师年轻时趁暑假在扬州高旻寺住过半个月,他对那位年迈的主持越来越敬佩,有一天他忍不住,问道:"大师,什么是佛学?"这个问题应该也盘桓在很多人的脑海中,而能够解答这个问题的往往是得道高僧。时隔三十年,我导师仍清晰地记得那位主持的回答,那句话就像《洛阳伽蓝记》中永宁塔上的风铃——塔已不复存焉,而风铃声至今仍在历史中回响:

我不懂佛学，我只会学佛。

这句话区分出了佛教与佛学，前者是信仰，后者是学理。然而纵观佛教（学）史，两者往往交融在一起。2023年夏，由于一件事，我对佛学产生了浓厚的兴趣，当我研读这方面的材料时，才意识到佛学的博大精深。然而正如《庄子》所言："吾生也有涯而知也无涯，以有涯随无涯，殆已！"人生苦短，我们争取讲得也短一些。

## （一）佛教的传入与兴起

佛教何时传入中国？又如何兴起？我们耳熟能详的"白马驮经"故事，出自北魏杨炫之的《洛阳伽蓝记》：

> 白马寺，汉明帝所立也，佛入中国之始。寺在西阳门外三里御道南。帝梦金神，长丈六，项背日月光明。金神号曰"佛"。遣使向西域求之，乃得经像焉。时白马负经而来，因以为名。

南朝梁僧祐《弘明集》中所选的牟融《理惑论》也谈到此事：

> 问曰：汉地始闻佛道，其所从出耶？牟子曰：昔孝明皇帝，梦见神人，身有日光，飞在殿前，欣然悦之。明日，博问群臣："此为何神？"有通人傅毅曰："臣闻天竺有得道者号曰佛，飞行虚空，身有日光，殆将其神也。"于是上寤，遣中郎蔡愔、羽林郎中秦景、博士弟子王遵等十八人，于大月支写佛经《四十二章》，藏在兰台石室第十四间。时于洛阳城西雍门外起佛寺，于其壁，画千乘万骑，绕塔三匝。又于南宫清凉台及开阳城门上作佛像。

大家注意，这俩故事有三个关键点：一是佛教进入中国的起因是东汉的第二任皇帝做了个梦；二是南北朝人对佛的想象是身上冒金光、能飞、是神；三是佛教进来的过程：明帝派人到西域（中亚地区，而非印度）抄写《四十二章经》，藏在皇家图书馆兰台，在洛阳西门外建佛寺，白马驮经、画壁画、作佛像，好了，佛教建立了！这是典型的"中国故事"：为了凸显佛教的合法性与神圣性，它必须由皇帝点头倡导，而且要经由著名的陆上丝绸之路。但是，故事往往如此，"真实"只存在于当时人们讲述它的观念之中。

事实上，佛教进入中国当在更早，至晚于西汉末年的哀帝朝，尹存已授佛经（详见下文）。佛教的传播与大多数宗教一样，先是暗潮涌动，在民间传播，一边丰富教义、仪式，一边扩大教徒，蔚然成风之后，由下传至上层（统治者、权贵）。至于佛教进入中国的路线，除了我们熟悉的陆上丝绸之路（武帝攻打匈奴，大月氏西徙创建贵霜帝国，促进了中亚社会、经济、交通的稳定，佛教从鹿野苑往西北进入今天阿富汗地区，通过天山、昆仑山山脉的口子进入中国），还有两条路线：一是西南通道，从缅甸进入腾冲，在横断山脉南边经由曲绕小路，进入云、贵、川地区；二是海上丝绸之路，我们知道，印度洋流在每年的六至八月和十二至二月会形成固定的流向，这就为印度与东南亚的经济文化交流提供了事半功倍的便利，船只穿过马六甲海峡，进而在我们东南沿海的港口登陆，这也是佛教在中国传播的重要途径。

我们需要进一步思考的是，佛教何以为国人所接受？佛教没能在西方广泛传播，是不是因为西方宗教发达、有强烈的排外性，而中国文化胸怀宽博、兼收并蓄？这样的泛泛之谈并不能使我们在这个问题上走得更远，我们有必要再讲讲：

首先，佛教初入中国时，依附于民间方术。我们来看一个例子，《后汉书·光武十王列传》载：

（楚王）英少时好游侠，交通宾客，晚节更喜黄老，学为浮屠斋戒祭

祀。八年,诏令天下死罪入缣赎。英遣郎中令奉黄缣白纨三十匹诣国
相曰:"托在蕃辅,过恶累积,欢喜大恩,奉送缣帛,以赎愆罪。"国相以
闻,诏报曰:"楚王诵黄老之微言,尚浮屠之仁祠,洁斋三月,与神为誓,
何嫌何疑,当有悔吝? 其还赎,以助伊蒲塞、桑门之盛馔。"因以班示诸
国中傅。

刘英是光武帝刘秀的第三子,分封在楚地。史家将他晚年时喜好黄老之术
与学佛教斋戒祭祀二事放在一起记述,反映出在当时人们的观念中,佛教是
民间方术的一种,修行方式也与道教类似,无非斋戒与祭祀。永平八年
(65),明帝下诏,死刑犯可以捐缣帛赎罪。刘英遂作"秀",派人带三十匹缣
帛送到相关部门,说自己有罪要赎。大家注意,不论此话是否出于刘英真
心,这正是佛教刚进入中国时的教义:我们在尘俗中沾染了罪恶。这事儿传
到了明帝那里,下达诏书,"浮屠之仁祠","仁"展现出时人对佛教的理解,佛
教主张慈悲好施,但时人只能用熟知的儒学概念去定义它。明帝在诏书里
还说,英哥这么好,有什么罪? 这些缣帛还不如施舍给"伊蒲塞""桑门"。这
俩词都是梵语音译,"伊蒲塞"梵文 Upāsaka,是指在家修行的男性佛教徒;
"桑门"又译作"沙门",梵文 śramana,和尚。

我们再举一例,《后汉书·襄楷传》载,延熹九年(166),襄楷给桓帝
上书:

> 又闻宫中立黄、老、浮屠之祠。此道清虚,贵尚无为,好生恶杀,省
> 欲去奢。今陛下嗜欲不去,杀罚过理,既乖其道,岂获其祚哉! 或言老
> 子入夷狄为浮屠。浮屠不三宿桑下,不欲久生恩爱,精之至也。天神遗
> 以好女,浮屠曰:"此但革囊盛血。"遂不眄之。其守一如此,乃能成道。
> 今陛下淫女艳妇,极天下之丽,甘肥饮美,单天下之味,奈何欲如黄、
> 老乎?

桓帝是东汉诸帝中有名的活得久的糟糕皇帝，襄楷批判他在宫中礼拜黄老、浮屠，却背离了清静无为的教义，嗜欲杀罚。襄楷引据了浮屠（佛陀）的两个故事，一是"不三宿桑下"，《四十二章经·第三章》载："佛言：'剃除须发，而为沙门。受道法者，去世资财，乞求取足。日中一食，树下一宿，慎勿再矣！使人愚蔽者，爱与欲也。'"是语主张省俭去欲，中午一顿饭、树下睡一觉，满足基本需求就够了；二是"革囊盛血"，《四十二章经·第二十六章》载："天神献玉女于佛，欲坏佛意。佛言：'革囊众秽，尔来何为？去！吾不用。'"天神为了破坏佛陀的修行，送他一女子，他却视为盛满污秽的皮囊，展现出无欲无求的心境。大家注意，襄楷精通道术、谶纬，他把"浮屠"和黄老相提并论，可见在他看来，二者没有太大的区分，浮屠教义几乎与道家学说如出一辙。我们得以了解早期佛学的发展情况：佛教依附于道术得以传播；到了东汉后期，《四十二章经》的要义已进入士大夫的知识体系中。

其次，是不是因为我们胸襟宽博，欣然接纳佛学？其实我们古人的民族意识非常鲜明，比如韩愈，给宪宗上书，开篇即是"佛者，夷狄之一法耳"，佛是夷狄！而且只是一个教派而已！这一说法有着普遍的观念背景。所以学人们必须解决这个问题，把佛教中国化，如此出现了"老子化胡"之说，上面襄楷已经提及了，我们再看看《魏略·西戎传》的传述：

> 昔汉哀帝元寿元年，博士弟子景卢受大月氏王使伊存口授《浮屠经》……《浮屠》所载，与中国《老子》相出入。盖以为老子西出关，过西域，之天竺，教胡。

这一故事简直不要太聪明，巧妙地利用了老子出关传说的情节空白。相传老子走到函谷关，被官吏尹喜"扣留"，所谓雁过拔毛，你不留下些文字，怎么放你走？于是老子写了《道德经》五千言，出了关。那么老子去了哪里？他的智慧博大精深，五千字怎么够呢？哦，他到了天竺，将他毕生的学问都教给了胡人！所以，佛经是老子流传在外的学问，我们当然要接纳了！

这个"广告"不仅进一步说服国人，而且展现出一个重要的思想图景：早期佛教徒翻译佛经时，很多概念在儒典中没有，不得已采用老庄的术语（比如"空""灭"等）。如此，我们便不难理解，魏晋南北朝时期的很多佛教徒精研玄学，很多玄学家也积极吸收佛学。

最后，很重要的一点，当时很多佛教徒怀慈悲之心，救济民众。限于篇幅，我们仅举一人，竺佛图澄，生于西域，精通佛法，永嘉四年（310）来到洛阳，这时他已经79岁了，在他此后的三十八年余生中（你没看错），他凭靠精妙的方术、精深的佛学与一颗慈悲精勇的济世之心，感化了历史上著名的暴君——石虎，以及后来的石勒。二石兴于"五胡乱华"，素行杀戮，在佛图澄的感劝下，深信因果报应。石勒称帝后，有事必咨询佛图澄，石虎则更加敬奉。佛图澄的一句话，阻止二石少杀了多少人！我读书至此，非常感慨。时值世道混乱、民生多艰，那些以天下为己任的士大夫都在干吗？面对二石的暴虐，怎么没人出来进谏？怎么没人站起来扭转乾坤？我们的本土宗教道教在干吗？追求自修成仙、无名无功无我，从不承担济世之任。由此我们不难理解，正是在儒、道缺席的时期，佛教为国人所接受。

### （二）佛学要义

本节我们讲几个进入佛学的重要概念。用佛家的话说，"都是假的"，大家别当真，姑妄一看，我也只能讲个皮毛。

佛教宗派林立，学说浩博，然而百川发于一源，千头万绪，归总其初，原于一"苦"字。这正是当年释迦牟尼（Śākyamuni，生活在公元前五六世纪）在树下冥思的起点，人生的本质是苦难，劳思光有个很好的比喻，就像喝水。我们在大多数时候都处于"渴"的状态，体内或多或少需要补充一点水分；喝到水了，喝得够够的，暂时摆脱了"渴"，这就像我们人生中的乐，总是稍纵即逝的非常态，伴随着苦而闪现；过不了多久，我们就又陷入了"渴"的常态，要么想喝水,要么想喝更好的——这就是我们的欲望,沉陷在苦中挣扎。这就是[Ⅰ]**"诸行皆苦"**。

那么,为什么会造成诸行皆苦?因为生命总有需求。我们如何挣脱?其实我们每陷入一苦,便会采取行动,比如此刻我为了好好备课,关掉手机;关了之后非但没有集中注意力,反而想刷刷小视频、逛逛网店;想到自己宅在书斋里真够悲哀,应当出走几天透透气,去青海湖,去金山寺,去泰山……再如我们小时候渴望长大,上学时渴望毕业工作,在为生计奔波的途中遇到生老病死、世态炎凉才意识到逝去的青春的纯粹与美好……我们的欲念总是飘忽不定,得到的事物香不了多久,我们想要的总是"在那边",一次次地跳进水中,游到对岸(溯洄从之,道阻且长;溯游从之,宛在水中央)……这就是[Ⅱ]**"诸行无常"**最早的意思(后来"无常"的意蕴渐渐繁复起来)。

在上述的状态中,一切存在都不能自主,人、一条狗、草木皆是如此。我们都能意识到"我"的存在,但"我"这一存在没有独立的主体性,①"我"身不由己,随波逐流,②"我"在这人世间稍纵即逝,这就是[Ⅲ]**"诸法无我"**。"法"是世界的表象,或者说,我们眼前的世界,就是表象。

以上是**"三法印"**,印度佛教最初的三个核心论点。约在公元三世纪,龙树撰《大智度论》释论《般若波罗蜜多心经》,进一步阐发"三法印"之说:

> 佛法印有三种:一者、一切有为法,念念生灭皆无常;二者、一切法无我;三者、寂灭涅槃。

可能由于此时"诸行皆苦"已成为常识,因此龙树径从"诸行无常"谈到"诸法无我",进而指出解脱之道"寂灭涅槃"(此说见下文),如此由认识论进入方法论,循序渐进,遂为定说,成为流传至今的"三法印"。

现象世界中的一切,都无实在的本体,那么,我们教研室六个人,我们全校几千人,为什么是大家而非其他同学在这门课上遇到我而不是别的老师?

世间国学教材上百种，诸位可亲可敬的读者为何会读到这本书？正如在《包法利夫人》里罗多尔夫对爱玛说："我们为什么会相识？"在佛学中，这只是**因缘和合的幻相**。大家注意加点词，"现象世界"提醒我们，这个世界不是真的。大家可能会带入常识质疑：怎么可能？我吃了顿美食、与恋人相拥、被旁边素不相识的人瞪了一眼，难道不是真实发生的？难道是假的吗？大家假想一下，（注意，是假想！）你到了生命的临终之际，躺在病床上，就剩那么几分钟了，假如你还有意识，回想你此生过往的种种人和事，你感觉它们像什么？像不像放电影？你就像一个角色，被情节推着走、迷失屏幕中，你即将合眼，你可以触摸到过往的一切吗？你会不会感到一切都是假的？这就是"**空**"。《般若波罗蜜多心经》所讲的"色即是空"，眼前一切现象都是假的，念念不住，什么都挽留不住，也留不下什么。那么，世间种种是如何形成的？"**因缘**"。"因"是因无明而产生的妄想，"缘"是使妄想成真的条件，因缘和合，在生与灭的过程中流动不息。大家想想，我们在生活中是不是遇到过没法用逻辑、理性解答的事，那时我们会忍不住说句什么？"缘分啊！"

如此看来，活着真是一种修行啊，我们受尽苦难，最终老病死，仍要经历轮回，继续循环于苦海之中（"**苦**"）；所有的苦难都是因缘和合而生（"**集**"），此二义揭示了世界、生命的真相。那么，问题来了，如何解脱？（注意，不是摆脱，因为摆不脱；不是挣脱，因为越挣扎越沉陷。）"**灭**"，即苦难的消灭，这无法从外部努力、改变现象世界而实现（这只会导致我们陷入无明、无常之中），只有我们的意识处于彻底寂灭的清静状态，达到了这一心境，在遭遇苦难、老病死时，我们的心不再为之所动、不再受其困扰，如此就达到了解脱轮回与苦难的**涅槃**状态（"**道**"），"佛"的本义即是"觉道者"。"灭"与"道"是超脱的目的。以上，苦、集、灭、道，即为"**四谛**"。达到"道"之彼岸的主要方法是"**三学**"：戒、定、慧。三者既是递进关系，又各有侧重。"戒"是遵守清规戒律、清静内心的欲念，比如"猪八戒"；"定"是通过坐禅等方式修心，《西游记》里玄奘和虎力大师比坐禅，就属于这一方面的修习；"慧"就是研习佛学典籍、增长智慧。

以上，算是佛学的基本大义，我不敢多讲，生怕讲多了出错，也怕繁琐的文字淹没掉精要。

### （三）禅宗的兴盛与要义

有了上面的基础知识，我们就可以讲讲禅宗了。如果按照禅宗的学理，我们在此一句话都不能说，一个字都不能写——真正的道是要"以心传心"，我们一旦用文字来记，就意味着怕遗忘，心就不够诚，这样记下的文字也只是道的皮相、糟粕。所以，我们这就算讲完禅宗了，下课！

大家怎么还没走？还是要拿书砸我？（书砸坏了怎么办？再买一本？）只因我有水文之嫌？那我们该如何了解禅宗学说？一千年来的禅师们也考虑到这个问题了，所以他们采取的办法是讲故事。我也依葫芦画瓢讲一个：

从前，金华山上有个寺，主持是俱胝和尚（"胝"就是手脚上磨的茧，这名字有意思），他刚在此地没多久，有一个叫实际的尼姑来到此寺（她的名字更有意思），头戴斗笠，手持锡杖。俱胝说："道友何不摘下笠子，我们聊聊佛法？"实际尼姑不发一言，绕着俱胝走了三圈，说："你要是道得出（我刚才的举动），我就摘下笠子。"大家能解释得了吗？这可把俱胝问住了，这尼姑绕着我走三圈啥意思？我又不是个塔（我还没死啊），也不是个磨（你也不是驴啊），这里面有什么道理呢？你让我说什么？俱胝默然不语。实际问了好几遍，俱胝仍不知如何对答。实际转身便要离去。俱胝说："太阳快落山了，道友何不住一晚呢？"他这是缓兵之计，打算用一晚上的时间好好参详尼姑言行中的机要。实际却说："道得即住。"这话说得简直不要太妙。"道得"，字面是"说得出"的意思，但是有道是"道可道，非恒道"，"道"在我们的汉语中不仅有"说"这一义项，也有{truth}{road}等义项，"道得"是不是也暗示着{得道}呢？总之，俱胝不知该怎么对答。实际就走了。俱胝非常沮丧，唉，我虽然拥有丈夫这般的皮囊和外形，却没有一点丈夫之气，连这样的问题都无法作答。我真是没脸在这里当主持了，还是走吧，云游四海，参寻知识！

有道是心诚则灵，这天晚上，金华山的山神给他托了个梦："不必离开这里，即将有肉身菩萨前来，给你说法。"果不其然，过了十余日，天龙和尚来了。俱胝喜出望外，上前迎礼，把那天尼姑的发问原原本本讲了一遍。俱胝看着天龙，眼中饱含着这些时日来令他痛痛思服的苦痛："大师，请问该如何对答？"天龙不说话，缓缓地抬起来手，竖起了一根手指……不是，你们在想什么！俱胝当下大悟。

我们稍作暂停，大家悟了吗？实际绕着俱胝走三圈，到底是什么意思？为什么天龙一言不发，伸一根指头，俱胝就悟了？到底怎么回事？总之，自此以后，凡有学者来寺里与俱胝参问佛法，俱胝只竖一指，不再有任何阐发、评论。结果这一切被寺里的一个小和尚看到了，哦，原来这就是佛法精要啊！学会了！从此，这小童只要见到寺里有香客发问，就大摇大摆地走过去，大声说："你知道什么是佛法吗？"随即洋洋得意地竖起一根指头。

久而久之，这事儿就传到了俱胝耳中："大师，你们这寺了不起啊，听说连小孩儿都懂佛法，每当有人发问，他就竖指作答。"我们虽然不懂佛法，但是都懂故事，不出意外的话，意外就要发生了。有一天，俱胝把小和尚叫过来，问他："听说你会佛法，是不是？"小和尚说："是。"俱胝问："如何是佛？"小和尚竖起指头。说时迟那时快，俱胝抓起小和尚的手，衣袖中亮出一把刀，咔的一下，把小和尚竖起的那个指头给剁了！小和尚吓死了，师父要杀我！他又惊又惧又痛，哇哇哭着往外逃。俱胝厉声喝道："站住！"小和尚泪眼汪汪两腿打颤望向师父。俱胝问："如何是佛？"小和尚习惯性举起手来，竖起……咦，指头呢？顿时，他豁然大悟。

这就是著名的"一指禅"的故事，收录在《五灯会元》中。大家如果意犹未尽，可以读这部书，好看得很。故事到此结束，大家悟了吗？好像并没有，但我想大家已经对禅宗有了鲜明的印象：它没有明析的概念与论辨，只有故事(譬喻)。法师们参禅的方式也很有意思,不说话就能悟道,而且到底悟到了没,悟了什么,根本没法印证。这是印度佛教进入中国想都不曾想到的事。

我们再来讲个故事,关于禅宗的兴起。唐高宗年间,岭南有个姓卢的砍柴人,不识字,听到有人讲《金刚经》,他心中一片澄澈,觉得妙不可言,就是今天我们所说的"心花怒放"。他问这是什么、在哪习得云云,于是来到湖北黄梅双峰山东山寺,拜见弘忍禅师。大家要知道,弘忍的师承很了不得,祖师就是著名的达摩,他在南朝宋时乘商船来到广州,曾面见过梁武帝,一言不合就一苇渡江,在我们河南的嵩山少林寺面壁九年,成一代大师,传到弘忍已是第五代。弘忍看着眼前的砍柴人,说:"你是个南人(难道他是女人),又是个獦獠(这就是骂人了,相当于'蛮夷'),干吗要学佛?"卢姓砍柴人答道:"人虽有南北,佛性有南北吗?"弘忍一听,有点意思,就收了他。于是他平时在寺里春米,跟着大家听法。

过了一段时间,弘忍年事已高,打算将自己的衣钵传给下一代弟子。依规矩,想承此衣钵的人,要写一首偈子诗,谁写得最好就是谁。弘忍有个大弟子叫神秀,那时也小六十了,他大笔一挥,诗曰:

> 身是菩提树,
> 心如明镜台。
> 时时勤拂拭,
> 莫使惹尘埃。

大家觉得这诗写得如何?"菩提"是佛教术语,意为智慧。身体是一棵智慧树,这个譬喻不错。下句尤其好,心如明镜台,《老子》里有"玄鉴"一词,便是比喻人的心灵。大家想想,你的内心是不是一面镜子,照出"你"的影像?你足够了解你的内心吗?这就是为什么《老子》把人心比作玄鉴;而神秀却说,我们的心灵是明镜台。因此，我们要时常修理菩提树、擦拭明镜台，内外兼修，不能使它们沾惹上外界的尘埃，这就是意味着佛法修习了。

神秀这偈子诗一出，众僧都觉得好，道出了佛学要义，自忖写不出更好的了，大师兄就是大师兄！卢姓砍柴人听闻此事，站在诗壁前，请旁人念给他听。他说："好则好矣，了则未了。"什么是"了"？就是通透、彻底。他说我也有首偈子诗，麻烦旁人帮他写在墙上，诗云：

> 菩提本无树，
> 明镜亦非台。
> 佛性常清净，
> 何处有尘埃。

这首诗名气太大，在后世的传诵中，第三句改作了"本来无一物"，如此意思更加显豁。砍柴人将神秀的意思全部消解掉，非但菩提、明镜不存在，尘埃也不曾有。

两首偈子诗都传到了弘忍耳中。当晚夜深，弘忍召见砍柴人："我决定将衣钵传授给你。然而，和尚虽说是方外之人，但衣钵涉及名利，历来争斗异常激烈。我现在向你口授《金刚经》要义，你带着衣钵，往南跑。"就这样，神秀继承了弘忍禅师的位子，名扬海内。砍柴人回到老家，躲了起来。十几年过去了，到了武则天时期，砍柴人才出了山。后来，他到了广州南海寺，印宗和尚正在讲法，他问众弟子，你们看那海边，风吹幡动，到底是风在动，还是幡在动？大家听过这个故事吗？正在众僧挠头之际，砍柴人上前说道："风也不动，幡也不动，是人心自动。"此话一出，印宗大惊，连忙起身，请他上高台讲法。从此以后，砍柴人才公开亮出了自己的身份，正式宣法收徒，法号六祖惠能。他不仅是禅宗的重大转折，也是中国佛教有了自家面目、超越印度佛教的关键。

我们撇开故事，再次回到上面的两首偈子诗，惠能诗到底有何高明之处，以至于被我们推崇到这么高的地位？首先，在**认识论层面**，神秀诗代表着传统佛学的认知，人与外界是两分的，外界充满了喧嚣、污浊，编织出种种声色味来蒙蔽、诱惑或扰乱我们的心神。我们看《西游记》，唐僧一行到了女儿国，在被女人簇拥之际，唐僧紧闭双眼，拼命地念"阿弥陀佛"，就是这一认识论典型的写照。而在惠能的诗中，他消解掉了人与外界的区分，这"世界"不就是人与机缘构成的吗？哪分什么内与外、我与物呢？都是假的！其次，在**方法论层面**，神秀诗展现出传统佛学的修习：戒、定、慧，"时时勤拂拭"！相传神秀到了晚年，总结此生对修习佛法的感悟，就像"蛇入竹筒"，经历了屈、曲、直三个阶段。大家是否会联想到《荀子》的学说？如果修习佛法要付出违背自己的本性、塑形这样的代价，那么佛是不是离我们太远了？惠能则为我们提供了更超脱、更简便的法门：**顿悟**！每个人都有佛性，关键不在修行，而在于让佛性绽放。传统是从定发慧，惠能是以无念为宗、无相为体、无住为本，三者导向顿悟，这是两者的重要区别。从此以后，新派的禅宗摒弃了具有宗教仪式性质的修习，主张**不立文字**，这就降低了研习佛法的门槛；消解掉世间万事万物的意义，诸法皆空，心无挂碍，因此"酒肉穿肠过，佛祖心中留"，使得佛学更易为世俗社会所接受。宋代以降，我们就发现，几乎每个士大夫都懂点佛学，这就是惠能以后佛学的重要变化。

我们看到，新禅宗的这些学说，几乎都能在《庄子》中找到源头，用寓言、重言、卮言说理，或者摒弃言语文字，坐忘、顿悟，物物而不物于物的游世思想等等，都成为新禅宗的思想资源。葛兆光指出，不是佛教征服了中国，而是中国征服了佛教，指的就是国人以古老的智慧消化了佛学。

至此，我们这一讲也如同石黑一雄的小说书名——*The Remains of the Day*——长日将尽，但又长日留痕。大家是否感到，中古时期人们的世界观、思维方式、表述的体式与修辞，由此而形成的学说，与上古期有巨大的差异？国学在这一千年里，消融掉异质（外文、少数民族）语言、重新规整学术内部的框架与理路、温和地阐发出新的学说——本讲只能举其荦荦大者稍作阐述。我们将在下一讲看到，中唐以后的学人继承了中古这份厚重繁杂的思想遗产，创发出被我们称为"近世"、距我们最近的学说与思想。

## 课后延伸

本讲所涉及的原典研读，最不好推荐的就是《**十三经注疏**》。这部书的阅读门槛有点高，目前来看，最通行的是清嘉庆二十一年（1816）阮元校刻本，不论是中华书局还是艺文印书馆，都有影印的刻本，繁体竖排就不说了，还得自行句读——当然，有志问学者，推荐读此，非常锻炼研读古书的水平，因为句读本身就是理解文本的重要过程。如果大家想读简体横排标点本，北大出版社（1999）出过一套，但二十多年过去了，这套书的标点有不少问题；后出转精的是方向东点校本（2021），但这套不单卖，比如我们推荐读《**毛诗正义**》或《**左传正义**》，大家要么买一整套，要么（摊手）。

关于玄学原典，要么是解经学著作，要么是单篇专论，都不大好读，因此我更推荐读《世说新语》。通过上文讲述，大家既然有了大致了解，再吃吃魏晋南北朝人的瓜，知其风神（或作秀），多好！这里超级无敌推荐**余嘉锡先生《世说新语笺疏》**，如今有中华书局的黄皮精装本，这大概是目前最好的《世说》注本。余先生撰有《四库提要辨证》，他是考辨《四库提要》中疏漏的大学者，给《世说》做做注，就像狮子搏鸡，大家精读一过，便知我意。

至于佛学要籍，中华书局编了一套黄皮、平装的"**佛教十三经**"，前言大多写得通俗流畅，有助于大家快速了解该佛经的成书、译介与要义；注释详尽，译文也都属上乘。其中《**四十二章经**》《**心经**》《**金刚经**》是佛教早期经典，体量小，影响大，大家静下心来，一天可读一种；《**法华经**》《**坛经**》具有鲜明的"中国特色"，也可一读。

最后说句真心话，如果大家真把这些原典精读一过，这份意义已远远超出了这本小书。

# 第六讲

# 近世学术的发展——宋明理学

## 课前导引

　　我们在本讲将要谈中唐以降的"国学"，我采取了当前学界习用的"近世"来界定这一时段——不是近"古"，因为这个时代的思想文化出现了趋于我们今天的**平民性**、**合理性**与**世俗性**；也不是"近代"，因为西方学界用该词专指欧洲出现文艺复兴、宗教改革、工业革命之后（即"modern"一词，而我们学界又区别了"近代"和"现代"）。相较于上古、中古期，近世距离我们最近，对我们的影响也最大。

　　如果大家已经摩拳擦掌（准备上讲台把我捶一顿），可先读**陈植锷《北宋文化史述论》**和**陈宝良《明代士大夫的精神世界》**。前者揭示了宋学产生的时代背景、发展阶段、主题精神及其与佛老、文化之间的关系；后者从知识社会学的角度，考察明代士大夫的精神与政治、社会之间的关系。两本书为大家勾勒出这一时段的思想文化图景。

　　我们在下文的讲解，主要参考**钱穆先生《宋明理学概述》**和**陈来《宋明理学》**。钱书看似依循传统的"学案体"按人头、排排坐的阐述方式，但大家读起来如沐春风，非常亲切，这是多年教学经验方能积淀出的平易与温和；陈书则展现出匕首般犀利的思辨与庖丁解牛般的清爽，文字行云流水，直中要害，毫不拖泥带水。大家当取法乎上，用心研读、体会这两位大佬论著中的精妙之处。

　　此外,大家也可以读读**余英时**《**朱熹的历史世界**》和[**美**]**包弼德**《**历史上的理学**》,了解理学家们如何参与他们所处的社会与政治世界。

# 引　言

　　近世所孕育的学术思想,最璀璨者莫过于"宋明理学"。提到这个词,我们似乎并不陌生,或许还有点反感,在我们的生活、课本中,这个词频频出现,让我们以为那时出了很多满嘴仁义道德、道貌岸然的道学"叫兽"——而今我们对此已经免疫了;甚至他们主张"存天理,灭人欲",以理杀人、"礼教吃人",简直不要太过分。事实上,这些认识都是偏见而非正解。大家可能会问,凭什么说这是偏见? 此中既与历史造成的"效果"有关,也与我们未能进入历史有关。

　　对于前者,我们一谈到宋明理学,就会想到程颐的"饿死事小,失节事大",戴震指责"存天理,灭人欲""以理杀人",这些写在教科书中的批判恰恰延续了"五四"的浪漫、热情与"文革"的狂飙、极端;关于后者,我们只有进入当时的历史语境方能洞察其本义。程颐的话实出自儒家思想传统,《论语》讲"志士仁人无求生以害仁,有杀身以成仁",《孟子》谈鱼和熊掌不可兼得,舍生取义、"以身殉道",都在强调这世上有比生命、利欲更重要的价值、道义。至于戴震痛责的"灭人欲",朱熹原本的意思是——打个比方,一个人已经结婚了,但还是勾三搭四,这就是朱熹主张要灭掉的过分的欲望。至于戴震的意图,并非真正地批判朱熹,事实上他本人便深受宋明理学影响,而是借古讽今,矛头指向的是垄断定义道德的权力而成为"杀人"工具的君权、父权或夫权等。十四世纪以降,自从朱熹《四书章句集注》成为官方的教科书与考试答案,新的"芯片"就形成了,宋明理学渐渐变成僵化的规范,比如儒家推崇的"守节",从道德至高点渐渐变成了人们必须服从的道德底线,鲁迅痛批的"礼教吃人"(我们想想《药》《祝福》好了),攻击的也是清廷政教对民众思想的钳控与愚弄。

陈来在《宋明理学》中有个很好的对读："康德在《实践理性批判》中一开始就提出，用什么原则来决定意志的动机呢？就是说什么原则能够作为社会普遍道德法则而成为指导我们一切行为的动机？康德肯定地说，用感性的经验和欲望作为这种原则是不行的，因为基于感性欲望的原则只能引导到快乐主义。……决定人的意志动机的只能是理性法则，而不能是感性法则。康德强调，真正的道德行为必须是服从理性的命令，而不能有任何感性冲动掺杂其间，不能有利己的好恶之心，整个康德伦理学的基调就是用理性克抑感性。"真是"东海西海，皆是一理"，宋明理学所谓"天理"，便是社会的普遍道德法则，而"人欲"则是指与道德法则相冲突的感性欲望。陈来进而指出：

> 在任何社会，被社会肯定为正面原则的伦理价值体系中，"理"总是对于"欲"有优先性，而鼓吹感性法则的主张永远不会成为一个伟大民族的精神传统。

这话说得如何？大家觉得在理吗？

正如怀揣玉米、西瓜的狗熊，进了菜园将无所适从；只有两手空空，才能有所获得。如果大家丢掉了偏见，我们就可以进一步讲讲了。

# 一、唐宋之际的思想新变

宋明理学何以出现？关键在于人。一部唐宋史，最重要的变动就是贵族衰亡、平民登上历史舞台，孕育出伟大的学者来。我们谈三点：

**首先**，追溯到根源，不得不提武则天的**科举改革**。她为了削弱、打压反对她的门阀（关陇集团），推行各种政策扶植庶族做官，比如她推重进士科

（就是考诗赋，相较于明经科门槛更低）、扩大录取名额。特别值得一提的是她首创殿试，大家千万不要小看这一举措。唐代的考生主要花心思在考前拿着自己的代表作去拜谒达官贵人（行卷），经由推荐，很多人在考前就"内定"了，如此，中举的考生就成了那些权贵的门生；武则天推行殿试，就把录取权收到自己手里了，被圣上钦点的考生从此心中更无二主。这便是庶民大展才华的起点。到了晚唐的牛李党争，说到底，就是新晋权贵与 old money 之间的矛盾。

到了宋代，科举制度得到空前改良，比如推行弥封制——也就是我们今天在考卷上画密封线；更狠的是，所有卷子都经专门的抄手们誊录——这对于如今一些字丑的同学简直是福音；还有锁院制，把改卷老师都关进"小黑屋"——今天还要屏蔽手机信号。这就极大程度地保证了公平，大家可能都听过这个故事：有一年欧阳修改卷子，发现一篇文章尤其好，但怀疑是自己的学生曾巩写的，为了避嫌，他判了第二名，结果出了榜，竟是苏轼的文章。据陈植锷统计，两宋的平民入仕率是 55.12%，这个数据可相当不低了。

宋代的考试内容也在不断调整。宋初尚沿唐代考试的余绪，以诗赋、论（命题作文）、策（条件作文五道）为三场，每考一场，就要淘汰不及格者，此中诗赋毋庸置疑是最关键的。后来欧阳修改为先策、次论、次诗赋，逐场先过落（通过或黜落），通考后定去留（比如苏轼，他的赋就没考及格，但论写得极好），罢帖经（填空）、墨义（默写），如此，侧重思辨、现实关注的策、论的地位就提高了。到了王安石更猛，诗赋一科也给罢掉了，专考策、论（这有点像我们今天高考，"体裁不限，诗歌除外"），还有他作的《三经新义》。由此可见一时风气。虽然后来诗赋科又恢复了，但再也不如前代那样受人重视。

纵观宋代重要的道学家，有两点值得我们注意：一是他们大多有**贫寒**、**苦学**的经历。比如范仲淹，一直以"朱说"的姓名长到十二岁，才得知自己刚出生没多久父亲就过世了，母亲贫困无依，不得不改嫁朱家；再如欧阳修，幼年丧父，跟随母亲寄于叔父篱下，家中无纸笔，只能用树枝在沙地上学字。正是这样勤苦的求学之路，将范仲淹铸造成"先天下之忧而忧"的贤相；至于欧阳修，单是嘉祐二年（1057），就选拔出了程颢、张载、二苏等人才。二是宋初兴起了**书院**。范仲淹年少时在两个地方读过书，先是寺庙，后来在五代时的戚同文因感于自己作为孤儿的遭境而创办的书院。他出仕之后，特重书院教育，亲力亲为，受晏殊之请，在睢阳书院掌教；在苏州时聘请"宋初三先生"之一胡瑗执教；任参知政事后，主张全国兴办学校。书院太重要了，多少学人、思想家从这里孕育而出！我们著名的四大书院无一不是在宋代兴盛，极多道学家不慕功名，在书院教学、著述。

**其次**，安史之乱后，人口锐减，均田制遭到破坏，向朝廷交粮、布的租庸调制就维持不下去了。780 年，杨炎建言推行两税法，不管百姓有没有土地，总之夏、秋各交一次税钱，这就使民众不得不"搞钱"。大家要知道，钱的流通更迅速、广泛，由此产生了**市井阶层**，出现了花钱买乐子的消费方式和商品，比如曲子词、说书、喝茶等。到了宋代，夜市乃至"鬼市子""庙市""瓦市"勃然兴起。朝廷不再抑制田地兼并了，推行租佃制，无田或少田的农民以契约的方式租借地主的田地，人不再是从属于某贵人的奴仆，而是像今天的老板-员工，确保了"人"的身份和人格的独立。宋时人们的生活水平到达怎样的程度呢？比如当时人们对茶的消费——大家要知道，解渴、喝水是基本需求，喝茶可就完全不一样了，当时甚至发展出了斗茶，也就是审评茶叶质量、比试点茶技巧。单说这"点茶"，就包含炙茶、碾茶、罗茶、候汤、熘盏、点茶、分茶等工序。再如《东京梦华录》载："自五月一日及端午节前一日，卖桃、柳、葵花、蒲叶、佛道艾，次日家家铺陈于门首。"苏轼《东坡志林》载："涂巷中小儿薄劣，其家所厌苦，辄与钱，令聚坐听说古话。至说三国事，闻刘玄德败，颦蹙有出涕者；闻曹操败，即喜唱快。"大家看看，这就是所谓"庶民的时代"，时人生活方式的丰富多彩、对生活质量的追求，正是建立在经济发达、平民社会地位提升的基础上。

**最后**，有了人，有了时代新风，学术思想就会出现新变。中唐以降，要有四点：**一是疑经**，啖助（724—770）发端，怀疑《左传》的作者并非只有左丘明一人、《公羊》《穀梁》作者未必属实，他的弟子赵匡、陆淳沿其绪；**二是新禅宗**，就是我们上一讲谈到的惠能，创发出更世俗、向内深入的佛学新义；**三是新儒学**，这里的新，是韩愈为了扳倒佛教，借鉴佛教徒们构建的师承体系，建构起儒学的道统（尧舜禹汤→文武、周公→孔子→孟子→鄙人韩愈），此说到了宋代影响极大，明确并强化了士大夫对"儒学"的认同；**四是"古文"运动**，这就是我们熟知的"唐宋古文八大家"的贡献，什么叫"古文"呢？大家回想一下，自己曾读过的唐人文章，如《滕王阁序》《陋室铭》等，是什么文？骈文！追求形式整饬、辞藻华丽，这就是从魏晋到唐代流行的"时文"。韩愈想写充分表达思想、不受形式拘束的散文，又不敢说"我要革新"（人类历史上的很多创新都打着复古的旗号），所以他灵机一动，说我这是复古到先秦诸子散文的传统。（说到这儿，推荐大家读读朱刚《唐宋"古文运动"与士大夫文学》。）大家看，以上四点有两方面的突破：思想方面，敢于质疑神圣的经典，打破旧说，有所创新；形式方面，运用更为自由、舒展的语言文字——我们之前说过，语言方面的进展往往促进思想文化的创新。

正是在这样的社会、思想变动中，人们渐渐看到了人之所以为"人"的尊严与价值。在宋代之后约一个半世纪的欧洲渐渐出现的"文艺复兴"，也是在经济兴盛时发现了"人"。中西所异者，欧洲追求人的价值，呼吁解放人性，失之于享乐、纵欲；而宋明理学则呼应了孟子性善的思想，向内照亮了人心中的明灯。

## 二、宋明理学的发展与要义

理学是什么？说白了，就是如何变成圣人的学问。道士教人升仙，和尚教人成佛，士大夫发现民众的信仰"市场"快被老、释抢占完了才意识到：我们为什么不能修成圣人？ 理学一开始被称作"道学"，北宋前期的张载、**程颢程颐**兄弟倡明"传圣人之道"，注重正心诚意、修养道德；到了**朱熹**，以"理"作为最高概念范畴，旨在通过修养、致知成为圣贤，这就与汉唐经学那种死背书的"章句腐儒"形成了鲜明的对峙；朱熹同时的**陆九渊**以及明代的**王守仁**，进一步扬弃程、朱学说，以"心"作为最高概念范畴，更往内寻。**"程朱陆王"**堪为宋明理学中的代表人物。按学界通识，可分为四派：①**气学**，张载为代表；②**数学**，邵雍为代表；③**理学**，程颐、朱熹为代表；④**心学**，陆九渊、王守仁为代表。这个时段的史料极其赡博，我们在前贤研究成果的基础上，按上文所分的三阶段展开谈谈。

## （一）周敦颐、张载与二程

学界一讲到理学的起点，必首推庆历年间的"三先生"：胡瑗——经范仲淹推荐，以白衣召对，授官秘书郎，后来胡瑗在太学主教，程颐向他执师礼；孙复——经范仲淹推荐入国子监教书；石介——孙复的弟子，年轻时在应天府受学于范仲淹。限于篇幅，只能在此点一下，以见范仲淹的关键作用与宋学中的师承关系。

直到**周敦颐**(1017—1073)，理学始有清晰的面貌。黄百家说："孔孟而后，汉儒止有传经之学，性道微言之绝久矣。……若论阐发心性义理之精微，端属元公(即周敦颐)之破暗也。"周敦颐的创发要在①宇宙论(或本体论)与②心性论(包括工夫论)两方面——在此前的几百年里，儒家几乎很少讨论这些问题，长期为老、释所统占——这也是后来理学家所致力之处。

周敦颐以《周易》(特别是《易传》)中的思路、概念，阐发宇宙的生成：

> 无极而太极。太极动而生阳，动极而静，静而生阴。静极复动。一动一静，互为其根；分阴分阳，两仪立焉。阳变阴合，而生水、火、木、金、

土。五气顺布，四时行焉。……"乾道成男，坤道成女"，二气交感，化生万物。万物生生，而变化无穷焉。(《太极图说》)

大家乍一看，这些话像不像是道士说的？相传周敦颐就是从道士陈抟那里搞出了一套"太极图"。周敦颐的贡献要在用出自儒家经典的话语描述宇宙生成的过程。什么是"极"？终极的、根本的。陈来解释，"无极"是指混沌的无限，"太极"指未分化的原始物质。这已不是道家的逻辑了，道家以"无"为本，"道生一"；周的"无极"并非"无"，而是实在的本体，无限、无形。"太极"作为原始物质，在分化之前正是无限、无形的，所以说"无极而太极"，两者不是相生的关系，而是因果的逻辑。

《老子》认为"天地不仁，以万物为刍狗"，而周敦颐在上述宇宙体系的构建中，特别强调"人"的重要：

> 惟人也，得其秀而最灵。形既生矣，神发知矣，五性感动，而善恶分，万事出矣。圣人定之以中正仁义，而主静(自注：无欲故静)，立人极焉。

既然人是宇宙中最灵秀的气所构成的，那么人的智慧、性情从何而出？周以一"神"字提领。大家注意，这不是故作神秘，而是出自《易传·系辞》的"生生之谓'易'"，"阴阳不测之谓'神'"，"'神'无方而'易'无体"。"神"是"上天有好生之德"的法则、理念。"人"既循此而生，当定"中正仁义"、"主静"，进而立"人极"。这个词也是周敦颐自创的，意在与"太极"呼应，"太极"是宇宙的终究依据，人既是最灵秀者，故应志在成为"人极"。

正如道教学仙，佛教学佛，周敦颐在《通书》中言：

> 圣可学乎？曰：可。曰：有要乎？曰：有。请闻焉。曰：一为要。一

者无欲也。无欲则静虚、动直。静虚则明，明则通；动直则公，公则溥。明通公溥，庶矣乎？

这就从宇宙论进入工夫论了。其实在上段引文中，周敦颐也强调"无欲"——这有点意思，因为老、释的修炼也重视"无欲"，难怪程颢、颐兄弟说，"茂叔（敦颐字）是穷禅客"。这就是周敦颐的"入室操戈"，他从"无欲"入手，但不是教人隐遁，也不是教人寂灭，而是修得静虚的心性，如此则思想通明，在言行中就能做到正直、公正无偏。在周敦颐看来，这就差不多学成圣人了。

周敦颐可代表早期理学家的思考，虽未能摆脱老、释的习气，但不管怎么说，"列车开了"。周敦颐本人的涵养、心境极高，时人深受感染。相传他家庭院里杂草丛生，他却从不打理。别人问，他说："与自家意思一般。"在他看来，天地便是我家，门里门外，都是生生不已的自然。程颢年轻时从周敦颐问学，"慨然有求道之志"；程颢有个弟子见了周敦颐，感觉自己"如在春风中坐了半年"；就连心气甚高的黄庭坚都说："濂溪（敦颐号）先生胸怀洒落，如光风霁月。"

后来，程颢回忆："昔受学于周茂叔，每令寻颜子、仲尼乐处，所乐何事。""寻孔颜乐处"遂成为宋明理学中的重要论题。我们知道，《论语》中记载孔子和弟子们在河里泡泡澡，岸上吹吹风，唱着歌回家；还有我们课本中学过的"贤哉回也，一箪食，一瓢饮，在陋巷，人不堪其忧，回也不改其乐"。孔子、颜回为什么快乐？在周敦颐看来，颜回的快乐，并非甘于贫困，也并非乐于道本身，而是因达到了与道为一的境界而享有和乐。在周敦颐看来，"志伊尹之所志，学颜子之所学"，就是既要像伊尹那样得君行道，心存社会百姓，又要修养心性、道德。前者是外王，后者是内圣。这是一种热心于现实、当仁不让的积极心态，也是超脱名利、向内寻求的清通。

我们顺带提一下**邵雍**（1011—1077），他比周敦颐大六岁，与二程为朋友

辈。邵雍的宇宙论是"数学"一派,我们在此只谈他的生活,钱穆先生从《宋元学案》中摘出以下文字:

> (邵雍)始至洛,蓬荜瓮牖,不蔽风雨,而怡然有以自乐。富弼、司马光、吕公著退居洛中,为市园宅,所居寝息处,名"安乐窝",自号安乐先生。又为瓮牖,读书燕居其下。旦则焚香独坐,晡时饮酒三四瓯,微醺便止,不使至醉。出则乘小车,一人挽之,任意所适。士大夫识其车音,争相迎候。童孺厮隶皆曰:"吾家先生至也。"不复称其姓字。遇人无贵贱贤不肖,一接以诚。群居燕饮,笑语终日,不甚取异于人。故贤者悦其德,不贤者喜其真,久而益信服之。

我当年读本科时,我的母校洛阳师院就在洛水南岸,"安乐窝"旁边。多少次我想象着邵雍在此读书论道,午后微醺,与大街小巷的人们和乐融融。我想说的是,这些理学家都是有血有肉的、真切的"人",大家感受如何?

下面我们来讲讲**张载**(1020—1077),人称"横渠先生"。他二十一岁时上书拜谒在陕西驻防的范仲淹,谈论兵法谋略。范仲淹意识到,眼前的这个年轻人将来可成大器,此时不宜鼓励他追求军功。《宋史》记下了范仲淹对张载说的话:"儒者自有名教可乐,何事于兵?"范仲淹特别提示张载精研《中庸》。张载还有个惊人的习惯,几乎不睡觉。据他弟子吕大临说:"终日危坐一室,左右简编,俯而读,仰而思,有得则识之。或中夜起坐,取烛以书。"据他自己说:"夜间自不合睡,只为无可应接,他人皆睡了,己不得不睡。"正是在这样的苦思冥想、殚精竭虑中,张载构建起自家的学术体系,要有三点:

**首先,阐发出一套宇宙论,我们简称为"气学":**

> 太虚无形,气之本体;其聚其散,变化之客形尔。

> 太虚不能无气,气不能不聚而为万物,万物不能不散而为太虚。
> (《正蒙·太和》)
>
> 气之聚散于太虚,犹冰凝释于水。(《横渠易说》)

在这套体系中,"太虚"是本体,但它不是虚无,也并非生出了"气";"太虚"只是宇宙终极依据,"气"——宇宙中最基本的质料——在此聚散,如此就有变化,如此形成万物;而万物消息,又散为"太虚"。要之,太虚-气-万物,它们相互运动,构成了宇宙生成的过程。

张载提出这一宇宙论,既是思考人从哪来、人是什么的逻辑前提(下文会谈到),也是与老、释学说的对峙:

> 若谓虚能生气,则虚无穷,气有限,体用殊绝,入老氏"有生于无"自然之论,不识所谓有无混一之常。若谓万象为太虚中所见之物,则物与虚不相资,形自形,性自性,形性天人不相待,而有陷于浮屠以山河大地为见病之说。(《正蒙·太和》)

道家讲"无中生有",在张载看来,这不对,太虚和气是混一的、流动的,"无"怎么能生出"有"来呢? 至于佛家讲万物都是表象,是假的,像放电影,这也不对,因为万事万物在气之聚散过程中是真切的实体,"形"和"性"是形式与内容的统一。在张载的宇宙论中,世界万事万物都有依据,如此方有价值、有意义。

**在以上逻辑基础上,他展开自家的人性论:**

> 由太虚,有天之名;由气化,有道之名。合虚与气,有性之名;合性与知觉,有心之名。(《正蒙·太和》)
>
> 天性在人,正犹水性之在冰,凝释虽异,为物一也;受光有小大、昏

明，其照纳不二也。(《正蒙·诚明》)

我们的心性从何而来？太虚与气相互作用与运动，便形成了"道"；此中的虚与气，便有"性"，人性自然也在其中，再加上知觉，就是我们的"心"。所以，人的性就是"天"的性。但为什么我们的秉性不同？这就像我们在天的下方，受光有小大、昏明的差异，成就了我们的个性。

张载进而提出工夫论——**穷理与尽心**：

> 万物皆有理，若不知穷理，如梦过一生。(《张子语录》)
> 穷理亦当有渐，见物多，穷理多，从此就约，尽人之性，尽物之性。
> (《横渠易说》)

此说启发了后来程朱的"格物"之说，万事万物都有"理"，我们通过了解一件件物事的"理"，在相当的基础上由博入约，来认知人、物的性。他说：

> 人本无心，因物为心，若只以闻见为心，但恐小却心。今盈天地之间者皆物也，如只据己之闻见，所接几何？安能尽天下之物？所以欲尽其心也。(《张子语录》)

人既是万物之一，因此我们的心来自对世界万物的体认。假如我们仅仅以自己的感官直接接受的事物(闻见)作为我们的心，那未免太狭窄了。宇宙如此之大，万物繁多，我们必须扩展自己的思维，超越感官的局限，充分发挥我们的心，此即是"尽心"。

**最后，张载在《西铭》中阐发的"民胞物与"，感振人心：**

> 乾称父，坤称母；予兹藐焉，乃混然中处。故天地之塞，吾其体；天

地之帅，吾其性。民，吾同胞；物，吾与也。大君者，吾父母宗子；其大臣，宗子之家相也。尊高年，所以长其长；慈孤弱，所以幼其幼；圣，其合德；贤，其秀也。凡天下疲癃、残疾、惸独、鳏寡，皆吾兄弟之颠连而无告者也。于时保之，子之翼也；乐且不忧，纯乎孝者也。

我们每个人毫无疑问是父精母血之所生，倘若在上述宇宙论的基础上讲，我们何尝不是天地（造物者）之所生？我们死后化为"气"，又聚散变化为"太虚"，如此说来，天地就是我（以及所有人、万物）的父母，我的心性即是天地之所赋予，所有人都是我的同胞，万事万物都与我有关联。国君就是我们这一大家的嫡长子，大臣就是我们这一大家的管家，我们当然要尊老爱幼，照顾鳏寡孤独。在这样的认知中，我不再有"小我"，我有了责任感，我为社会做的任何事其实都是为"我"，为我们这个家。我们活着的时候，应该"为天地立心，为生民立命，为往圣继绝学，为万世开太平"，我们有一分的心力，就做一分的事；有十分，就做十分。

大家感觉如何？还觉得理学家虚伪、龌龊吗？我每每读到这文字，就心潮澎湃。陈来总结得极好，张载的这些文字：

> 哺育了许许多多志士仁人，激励他们以天下为己任，救邦国于危难，拯生民于涂炭，终生奉行道德理想，生死利害一切置之度外，这也是宋明理学的一个始终高扬的传统，对中国知识分子的文化心理结构有着重要的影响。

至此，我们来讲**二程**，他们在十五六岁时师从于周敦颐，被后世称为"理学"正统。二程说："今之学者，歧而为三：能文者谓之文士，谈经者泥为讲师，惟知道者乃儒学也。"其所谓"知"的"**道**"，正是在文章、训诂、释老的对立面,首先是儒家的精神传统,程颐说:"周公没,圣人之道不行;孟轲死,圣人之学不传。道不行,百世无善治;学不传,千载无真儒。……先生(程颢)生千四百年之后,得不传之学于遗经,志将以斯道觉斯民。"其次,这个"道"又是"理",有天理(自然法则)、物理(事物的性质与规律)、性理(人的道德本质)、义理(人应遵守的社会道德)之分。

二程几乎不著书,主要是讲学语录,今收在《二程集》,程颐还有《程氏易传》。这哥俩儿年龄仅差一岁,但性格迥异,如果用季节来形容,一个像春天,亲和、舒展;一个像秋天,庄肃、厚重。

我们先讲**程颢**(1032—1085),他二十六岁就中了进士,在鄠县任主簿小官,满腔快乐。后来他反对王安石变法,被贬回乡,作《秋日偶成》,前四句云:

> 闲来无事不从容,睡觉东窗日已红。
> 万物静观皆自得,四时佳兴与人同。

此中毫无关于政治的失意与愤懑,没有任何个人的荣辱得失——即便我讲了这个背景,你也读不出一丝牢骚或讥讽,这就是程颢的涵养。他的心中不滞于任何外物,他在无事中体味从容,他睡到自然醒(想想张载好了),恰好是东窗泛红,太阳也醒了,他在一片澄澈的心境中静观四时万物,感到无一不与自己的内心贴合。

程颢特重"与物同体",他说:

> 仁者,以天地万物为一体,莫非己也。……学者须先识仁。仁者,浑然与物同体。义、礼、知、信皆仁也。识得此理,以诚敬存之而已,不须防检,不须穷索。若心懈则有防,心苟不懈,何防之有?理有未得,故须穷索。存久自明,安待穷索?

程颢所推重的"仁者"境界,是视自己为与宇宙万物息息相关的一个整体,因此,宇宙任何的一部分即是自己的一部分,自己不再是个体的"小我",而是《孟子》所讲的"万物皆备于我"。

这一说法,既是对旧禅宗"时时勤拂拭,莫使惹尘埃"的惠能式的回应,也继承了张载"视天下无一物非我"的思路,程颢即言"《西铭》某得此意"。我们要特别注意的是,程颢强调"吾学虽有所授受,'天理'二字,却是自家体贴出来",展现出与张载学说根本上的差异。张载是晚上不睡觉苦苦思索得来,在程颢看来,这就不自然了,难道不该是自家心中本有此理吗?张载学说是从宇宙论中推导而出,程颢觉得这也不对,绕远了。人对宇宙的认知有限,从宇宙论转到人生论,难免牵强不亲近,不如直接从人生经验谈起,他谓之"鞭辟近里"。比如他说:

> 在澶州日,修桥少一长梁,曾博求之民间。后因出入见林木之佳者,必起计度之心。因语戒学者,心不可有一事。
>
> 人心常要活,则周流无穷,而不滞于一隅。

这就是以他的切身生活经验作譬,大家觉得亲切不?此处之意,似与禅宗同,实则有别。禅宗说"心不可有一事",是因为诸法皆空,世间万物都是念念不住的虚妄,所以不必执滞于心;而程颢则强调要修心,他曾求得好木材,结果此事在心中生根,导致他后来再见到好木材便生计度之心——而这是多余的,徒多一事累于心中,因此他说"人心不得有所系",他解释的"格物致知"也与后来朱熹所阐发的不同:

> 致知在格物,物来则知起。物各付物,不役其知,则意诚不动。意诚自定则心正,始学之事也。

他以此语解释我们为何无法"意诚"——我们的心意总是跟随物而有所起伏变化。因此程颢主张"物各付物",也就是情顺万物,用海子的诗就是"我把石头还给石头,让胜利的胜利"。如此,我们的心智便不会被外物役使,"以物待物,不以己待物,则无我也"。这里,程颢将《庄子》"物物而不物于物"变成了涵养的工夫论。

再如他说:"某写字时甚敬,非是要字好,即此是学。"这又是一个从自己生活中体悟的道理。我刚读博时,觍着脸找我导师学写字,他就给我说了这句话。我们从小就写字,可我们要么是被规定写(作业、考试),要么是怀有目的(让字好看、给人看),而程颢则从这一小事中阐发出"敬"的涵养工夫。他说的"敬"即是尽心,写字时应全心全意在写字上,倘若另分一心想要写得好,那就怀有功利心了,如此便是在学写字,而非学天理。

我们看到,程颢的工夫论就是在生活中涵养,"学者不必远求,近取诸身,只明人理,敬而已矣,便是约处";就是做减法,"学者今日无可添,只有可减,减尽便没事",直到心中留一"敬":

> 敬须和乐,只是心中没事也。
>
> 学者须敬守此心,不可急迫,当栽培深厚,涵泳于其间,然后可以自得。但急迫求之,终是私己,终不足以达道。

此"敬"不必着急,慢慢来,就像草木萌发,与时滋养而成。

明儒高攀龙说:"先儒惟明道先生(程颢号)看得禅书透,识得禅弊真。"此言是也,禅宗主张"本来无一物",而颢所言"心中没事",是体贴出天理来,识得仁,自己与万物都同是天理所出,故与万物同体,就是天理的展现,因此心中无私欲,无所累,恰当和乐。

我们再来讲**程颐**(1033—1107)。关于"敬诚",兄弟俩的理解颇有不同:

程颢侧重的是"诚",内心的自在和乐；而程颐则侧重"敬",举止和内心都要严肃。

曾有人请程颐喝茶看画，程颐回曰："吾生平不啜茶，亦不识画。"大家意下如何？是，你敬诚不动心，但这么说话是不是拂了人家的好意啊？有一次，一位韩老前辈邀请程颐去阜阳游西湖，老前辈的儿子们随从，有个人言语神色稍有点不庄敬，程颐回头厉声道："汝辈从长者行，敢这样笑语！韩家孝谨家风何在！"怎么样，猛不猛！还有更猛的，程颐五十岁后在皇宫给小哲宗皇帝当老师。下课了，哲宗在院子里随手折了个柳枝，程颐直接说："这是春天万物发生之时，皇上不该无故摧折新生。"大家都听过"程门立雪"的故事吧，真实情况是，游酢、杨时二弟子去拜见程颐，他正在闭目静坐。通过上面的事例，大家已经了解程老师的为人了，如果是你，你敢走吗？这俩哥们儿只好杵在那儿。过了很久，程颐睁开眼："天黑了，回宿舍吧。"俩人辞退，此时门外大雪已经下了一尺深。正如黄庭坚所言，这世上有一种病无可救药，那就是庸俗。我个人也得了一种病，用乌索普的句式说，得了一见到类似程颐的人就害怕的病。苏轼总是运用各种修辞讥讽程颐，他可真有勇气和闲心，真令我佩服至极，换作我，躲都躲不及！但是后来学人非常推尊程颐，比如朱熹就说，"伊川（颢）亲切"，但是"明道（颐）宏大"。

以上就是程颐的"敬"。那么，我们在内心中如何做到"敬"呢？这就要问大家一个问题：你有没有过这样的苦恼，用理学家的话叫"思虑纷扰"，无法集中心思？比如司马光，"尝患思虑纷乱，有时中夜而作，达旦不寐"，他后来想了个办法，就是"只管念个'中'字"，以消除纷繁的思绪。程颐就说，你心里念个"中"字有什么用！与其从高级词汇里捡一个念，还不如给你串念珠数数！（这就是讥讽司马光了，因为和尚用念珠。）"夜以安身，睡则合眼，不知苦苦思量个甚！只是不与心为主。"那么，"如何为主？敬而已矣"。程颐的意思是要能"定"，这就是朱熹后来解释"止于至善"的"止"，"至而不迁"，程颐有个比喻，"若主于敬，则自然不纷扰。譬如以一壶水投于水中，壶中既实,虽江湖之水,不能入矣"。

大家是否顿生"听君一席话,如听一席话"之感?　问题还是没解决啊,如何做到"敬"?　这就是程颐比他兄长进益之处,他在**程颢"涵养须用敬"**的基础上加了一句,**"进学则在致知"**:

> 　　若只守一个敬,不知集义,却是都无事也。且如欲为孝,不成只守一个孝字,须是知所以为孝之道。
>
> 　　问:"人敬以直内,气便充塞天地否?"曰:"气须是养,集义所生。积习既久,方能生浩然气象。人但看所养如何。养得一分便有一分,养得二分便有二分。只将敬,安能便到充塞天地?"

这两条材料都据以《孟子》的"我善养吾浩然之气"。《孟子》的侧重点是,要用道义、正直养护这个气,要日积月累(即"集义")而非某天猛做十件好事(即"义袭")。程颐之前的理学家大多偏向像禅师那样静坐涵养地修心,程颐则接着《孟子》的思路,必须"养",要"集义",因而提出"致知"之说,他区别了两种"知":

> 　　闻见之知,非德性之知。物交物,则知之,非内也。今之所谓博物多能者是也。德性之知,不假见闻。

所谓"闻见之知",就是我们在生活中处世接物、见多识广所获得的知识,在程颐看来,这并非他的目的;他追求的是对德性的体认,这没法凭靠见闻获得,只能通过内心的觉悟。大家注意,后来的陆、王,就是接着程颐的这个思路阐发出"本心""良知";然而程颐的用力处则放在了"致知":

> 　　问:"学何以至有觉悟处?"曰:"莫先致知。能致知,则思一日而愈

明一日,久而后有觉也。学无觉,则何益矣,又奚学为?……"故曰:勉
强学问,则闻见博而知益明。

如此,程颐就为"闻见之知"通往"德性之知"搭建了桥梁,如何觉悟? 努力为
学,如此则闻见博、知益明,进而:

> 观物理以察己。
> 随事观理,而天下之理得矣。君子之学,将以反躬而已矣。反躬在
> 致知,致知在格物。
> 致知在格物,格物之理,不若察之于身,其得尤切。

在闻见的过程中,观知事物中的理,由于"理"贯彻于万事万物之中,可据此
返之省察自己的意念是否合于理义,以这样的方式来觉悟自己的德性。

因此,程颐解释的"格物",与兄长迥异:

> 格,犹穷也。物,犹理也。犹曰穷其理而已也。

如此,他就把天理说和知识论沟通起来了:

> 凡一物上有一理,须是穷致其理。穷理亦多端:或读书讲明义理;
> 或论古今人物,别其是非;或应接事物而处其当,皆穷理也。

程颐讲的"理",首先是宇宙的根本规律、社会的道德原则,他指出:"性即是
理。"我们穷理的目的,就是将"天理"作为人类永恒不变、必须遵循的本性与
道德法则。大家看到,理学家到了程颐,开始强调要读书、谈古论今、接物得
当等,形成了落到实处、有法可循的工夫,这对后来的朱熹启发极大。

## （二）朱熹

如果我们每个人的聪明像水龙头，只有拧开才流水，而且水流有大小——那么**朱熹(1130—1200)**的聪明就像喷泉，随时都在喷涌。我们不夸张地说，朱熹是一千年才出一个的学者，国学自孔孟以来，递经一代代学人研习、阐发，到了宋代这样为思想家的出场提供了种种有利条件的环境，才孕育出了朱熹。这哥们儿有多聪明，我举个例子，他十九岁就考上进士了，而且是裸考——相传他当时的行囊里只有一本书，禅宗的《大慧语录》。

朱熹师从于杨时的再传弟子李侗——杨时就是在上文侍立于程颐身旁好几个时辰的那位。从师承看，朱熹传二程一脉——事实上，朱熹又何止如此，先贤称之为**"致广大，尽精微，综罗百代"**。

他的**"综罗"**从具体看，是融贯前贤提出的命题与概念，加以重构和发挥，将[Ⅰ]周敦颐、张载的宇宙论，[Ⅱ]二程的心性修养工夫与"格物致知"构建为一，至此理学才有了完整谨严的体系；若在历史上看，他发扬并丰富了孔孟的思想，使儒学绽放出道德理性的光芒——与汉唐的传注、训诂之学截然不同。

他的**"广大"**主要在于他著书立说的领域极其广博，他几乎遍注群经(特别是他建构起了"四书"体系)，他给《资治通鉴》编撰"纲目"，他注解《楚辞》，校理韩愈文章，甚至注炼丹教材《周易参同契》。时人劝他少著书，他说："在世间吃了饭后，全不做得些子事，无道理。"他还重兴白鹿洞书院，应接四方来学。他死后，弟子们记录与老师的平时问答，编成《朱子语录》，后又分类纂辑成《朱子语类》一百三十卷，门类五十个，两百万字。

他的**"精微"**在于他的见解、思考与研究。大家读读他撰作的《四书章句集注》，水平简直不要太高。我二十多岁时读到《大学》讲"诚"，说"君子必慎其独"，我的理解是，一个人在自己独处时，比如夜深人静时把卧室门一关……此时此地的自己不会受到他者的"观"，那岂不是想干吗就干吗！但当我读到朱熹解释"独者，人所不知而己所独知之地也"，我大为震惊，这个阐发超越了《大学》的旨意，"慎独"超越了实体的时空，直指人的内心深处！大家想想看，我们的内心中是不是都有个别人看不见的小角落？在这里，我们往往会在无意间欺骗自己。比如做一件你认为对的、有意义的事，比如背一篇古文、做一道菜、跑个十公里，但你往往做到"差不多就行了，外人看着都鼓掌了"的程度——而非全心全力，是不是这样？这就是在朱熹阐发下的"诚"，大家觉得怎么样？那时我对宋明理学大为改观，这真是高明的思想！后来我写博论，读朱熹的《楚辞集注》，对他更为佩服。朱熹真乃善于读书之人，他对楚辞的阐释、辩证，对于今天仍有重要的启发价值（而不是像王逸《楚辞章句》，只能作为考察一个时代思想平均值的史料）。**钱穆先生**有本书叫《**学**》，说人话就是"问学的钥匙"，他从《朱子语类》里把朱熹讲论读书、做学问的方法汇总在一起，名曰《**朱子读书法**》，这是我导师给我们开研究生必读书单中非常重要的一篇，大家如有志问学，不妨读读看，或许你会感悟到朱熹的"精微"。

朱熹在学术思想上的贡献，如果只能说一点，那就是继承程颐的"致知"，**推重读书明理**——这既是朱熹的卓越阐发，也是与后来陆、王工夫论的分歧之一，我们循序渐进地展开讲讲：

首先，在宇宙论方面，朱熹继承了程颐**理为体**、**气为用**的观点，"未有这事，先有这理，如未有君臣，已先有君臣之理；未有父子，已先有父子之理"。理是本体，是根本，万事万物都根据"理"而发生。在此基础上，朱熹融合张载的"气学"和二程的"理学"，阐发宇宙的生成：

> 天地之间，有理有气。理也者，形而上之道也，生物之本也。气也者，形而下之器也，生物之具也。是以人物之生，必禀此理然后有性，必禀此气然后有形。（《朱文公文集·答黄道夫》）

朱熹之前,未有说得如此清晰者。气是构成一切事物的质料,理是事物的本质与规则;气是形而下,理是形而上;气是用,理是体;气是第二性,理是第一性。如此,"人"就有了合"理"的依据,人生来便禀"理"而衍生出了"性"。

其次,在探究心性方面,二程之后的学者非常重视"已发未发"的问题。这句话本自《中庸》的"喜怒哀乐之未发谓之中,发而皆中节谓之和",探讨的是人的性与情之间的关系,我们的心到底是什么?如何修养自己的心性?

朱熹早年受胡宏一派的影响,认为人只要活着,心就从未停止运作,即便发烧、做梦也是如此,因此我们始终在"已发"的状态。那么,"未发"就不能指心了,而指心的本体——性;性是体,以心为用。这一观点不无道理,但如果以此为逻辑起点,那么在工夫论方面就会缺失"未发"状态的修养。朱熹到了四十岁,史称"己丑之悟",他指出,"已发未发"都是指心,我们的心灵有个"思虑未萌"的阶段或状态,这就是"未发",没法用语言文字描述它,迫不得已要说,它是我们具体的道德法则的根据。如此,我们的心性工夫也可分为两方面:①对于**"未发"**,我们要**主敬涵养**,这是师承了程颢;②对于**"已发"**,我们要**省察**,自我省思,其中最重要的就是**慎独**(如上文所指)。

在主敬涵养方面,他指出:

> 敬有甚物,只如"畏"字相似,不是块然兀坐,耳无闻、目无见、全不省事之谓,只收敛身心、整齐、纯一,不恁地放纵,便是敬。
> 敬不是万事休置之谓,只是随事专一谨畏,不放逸耳。
> 敬只是常惺惺法,所谓静中有个觉处。(《朱子语类》)

此说继承了程颢的"主一",但阐发得更为精微。"敬"与"畏"相似,"敬"不是坐忘、内心清静,也不是畏惧,而是收敛(正如程颢的"减"字诀),不为诸事诸物所役,集中注意力,保持着纯一、清明、谨畏、警省的状态,这在我们情感未发或思虑未萌之时尤其重要,"时刻准备着"。

当然,朱熹在格物致知方面的创发更重要,他的做法简单粗暴,声称《大学》里少了一段,我"窃取程子之意以补之":

> 所谓致知在格物者,言欲致吾之知,在即物而穷其理也。盖人心之灵,莫不有知,而天下之物,莫不有理,惟于理有未穷,故其知有不尽也,是以《大学》始教,必使学者即凡天下之物,莫不因其已知之理而益穷之,以求至乎其极。至于用力之久,而一旦豁然贯通焉,则众物之表里精粗无不到,而吾心之全体大用无不明矣。此谓物格,此谓知之至也。(《四书章句集注》)

在朱熹的阐发下,"格"具有"至"义。如此,"格物"就是接触事物、研究事物之理,进而至乎其极,这就是"即物而穷其理"。虽然万事万物各殊,但其内在的"理"只有一个,通过长久用力,量变达到质变,豁然贯通,便可明理。这一学说既展现出人类认知的法则与过程,又彰显出鲜明的理性精神,对于今天的我们仍具有启发意义。(但是我们也要注意,朱熹主张的格物的旨归在于自己的心性,而非近代西方穷究的物理、化学等方面的纯粹知识,这一重学而轻术的观念,影响深远。)

最后,我们有必要提一嘴,朱熹在构建、推重"四书"的同时,对"五经"提出了质疑,此中尤见卓越的洞见与勇气:

> 《诗》《书》是隔一重两重说,《易》与《春秋》是隔三重四重说。《春秋》义例,《易》爻象,虽是圣人立下,今说者用之,各信己见,然于人伦大纲皆通,但未知曾得圣人当初本意否?且不如让渠如此说。……今欲

直得圣人本意不差，未须理会《经》，先须于《论语》《孟子》中专意看。（《朱子语类》）

这句话把此前学者们构建的经学批了个遍：先说诸经，都是隔着说理，也就是隔靴搔痒，不着要害处；接着说经传，汉以后经由诸儒阐发，未必是圣人本意，"且让他们这么编排吧"；进而指出不必理会诸经，要先看《论》《孟》。此前谁敢这么说经学？下面这句更猛：

《书》中可疑诸篇，若一齐不信，恐倒了《六经》。（《朱子语类》）

大家看看，朱熹还是兜着说的，他用了假设的修辞，用了委婉语气，若非真读进诸经文本深处，怎能说出这样的话来！南宋学者黄震总结：

朱子……谓《易》本卜筮，谓《诗》非美刺，谓《春秋》初不以一字为褒贬，皆旷世未闻之高论，而实皆追复古始之正说。乍见骇然，熟辄心靡。卓识雄辨，万古莫俦。（《黄氏日抄》）

这个评议深中肯綮，直到明代以后，学人们开始对"五经"进行更为精审的批评，清代乾嘉学人提出"六经"不过也是史料，都是对朱熹疑经思想的延续。

### （三）陆九渊与王守仁

讲完朱熹，就必须要提**陆九渊**(1139—1193)，他比朱小九岁，两人有过一次历史性的交集，史称"鹅湖之会"。据说就在我们长山校区的湖畔，由于湖中多鹅（如图所示），故称"鹅湖"。

鹅·湖之会

大家不要惊讶,这个"据说"就是我刚刚说的。1175 年,陆九渊三十七岁,朱熹正在著作高峰期,吕祖谦邀二人来江西鹅湖寺一会,辩论学术异同。《陆九渊年谱》载:

> 鹅湖之会,论及教人。元晦(朱熹的字)之意,欲令人泛观博览,而后归之约。二陆(九渊及其兄九龄)之意,欲先发明人之本心,而后使之博览。朱以陆之教人为太简,陆以朱之教人为支离,此颇不合。先生更欲与元晦辨,以为尧舜之前何书可读?复斋(九龄的号)止之。

这段记述形象地还原了当时的辩论场景。如何教人? 朱熹主张"道问学",先读书;陆九渊主张"尊德性",先明心。结果俩人攻讦对方观点,陆九渊尤其犀利,我们品品他的"尧舜之前何书可读",简直是咄咄逼人了,难怪他哥哥阻止他。然而,此后两人非但没有结怨,反而多次书信往来,朱熹邀陆九渊来白鹿书院讲学,遂讲《论语》"君子喻于义,小人喻于利"一章,精彩至极,听众竟有落泪者。

陆九渊是如此与众不同,为了走进他的思想,我们有必要了解他的家境。陆氏世居江西,是个大家族,他们推举长者作为家长,子弟分任家事。陆九渊上面还有五个哥哥,四哥陆九韶管家里的教育、经济,比如他每年都将一大家的收入存留两三成,以备不测,如果谁家需要救急,就从这份钱里出,为此,他在日记里写了《居家正本》《制用》等文。五哥就是陆九龄,有才气,好思辨,在家里负责带子弟们讲武习射,当时周边有匪寇,请他主持防御。陆九龄很看不上当时的学风,批评他们"弃日用而语心,遗伦理而语道""终日谈虚空,语性命,而不知践履之实"。陆九渊在这样的家教与环境中成长,他对世界、人事的认知并不仅仅来自书本,而是得自在日常生活中的"人情、事势、物理上做些工夫"的实践,因此他主张"明德"优先于"笃学"。

陆学的核心是"**本心**":

> 有人问:"先生之学,亦有所受乎?"九渊答:"因读《孟子》而自得之于心也。"
>
> 孟子曰:"所不虑而知者,其良知也。所不学而能者,其良能也。"此天之所与我者,我固有之,非由外铄我也,故曰"万物皆备于我矣,反身而诚,乐莫大焉"。此吾之本心也。(《陆九渊集》)

陆九渊所言"**本心**",**即是良知**,我们每个人生来就有的道德自觉。比如我不小心掉到我们校园里的"鹅湖"了,大家如果看到我,心里会怎么想?难道是赶快拿手机拍照发朋友圈?其实不必是我,即便是一只狗掉进水中,大家都会起恻隐之心的,这就是我们本心的萌发。有一次,陆九渊忽然从座上站起来,陪侍他的弟子也连忙站起,陆九渊对他说:"还用安排否?"你回想一下你刚才为什么要站起来,是被我强迫的?还是你经过心思琢磨后决定的?还是发自你的本心?那么,我们为什么会丢失本心?陆九渊指出,"愚不肖者不及焉,则蔽于物欲而失其本心。贤者智者过之,则蔽于意见而失其本心"。

在这一逻辑基础上,陆九渊指出"**心即是理**"。大家读到这里会不会有点迷糊,程颐不是说"性即是理"吗?他俩的说法有何不同?程颐所言"性即是理","理"是宇宙和社会中的规律、法则,万事皆有"理",我们的"性"亦在此"理"的范畴之中。为了掌握、获得或符合"理",我们需要格物,今天格一件,明天格一件,日积月累,就渐渐地贯通、明了这个理。至于陆九渊所说的"心即是理",则认为格物反而支离了、绕远了、浮夸了,为何要在外物中穷理呢?为何我就不能知道我心中的理呢?"天生德于予",我一出生,我的本心便是理的体现,我只要发明了本心,就照亮了理啊。程是向外探寻,陆则是向内观照。

因此,陆九渊认为:

> 凡欲为学,当先识义利公私之辨。今所学果为何事?人生天地间,为人自当尽人道。学者所以为学,学为人而已。(《陆九渊集》)

这是九渊的"擒贼先擒王",简洁、直接,学的目的是什么?是学好教材考高分将来出人头地吗?是学得一门糊口的技能成为一个有用的人吗?不,是做人!不是成为器,而是要持有道!如何学?纵然读了四书五经,就会做人了吗?首先要澄清自己的心志,何谓义,何谓利,何谓公,何谓私!倘若逐利徇私,如"今人略有些气焰者,多只是附物,原非自立也",这话说得太犀利了,这世上有多少以"专家""大师"称世而卑鄙龌龊者,其实只是以专业知识裹贴的一张画皮而已;唯有内心持义、言行秉公,"若某则不识一个字,亦须还我堂堂地做个人"!

我们回顾上文,程颢言"仁者浑然与物同体",这话还是有门槛,大家要是没有理学的根基,很难体悟;但是九渊拎出"义利公私之辨"就清晰明了,有门可入。他在此基础上说:"万物森然于方寸之间,满心而发,充塞宇宙,无非此理。"当你持义秉公,不怀偏见、不存私念,此中便无我,如此则与万事万物相与为一;既然万事万物都在你心中,纵观宇宙,无非此理而已,那么"宇宙便是吾心,吾心即是宇宙"。我记得小时候做马哲题,说九渊是唯心主义,其实是误读了他的话,他说"吾心即是宇宙",并非意识第一性、物质第二性,并非"我在,故世界有意义",而是指"宇宙内事,是己分内事;己分内事,乃宇宙内事"。

那么，如何发明本心呢？陆九渊针对程朱之说，也对"格物致知"有所阐发，"格物"即格此本心，"致知"即不失本心、发明本心，"穷理"即穷尽此本心，总之，要在"心即理"的这个心上下工夫，保存、护养这个本心。你可能会说，说得真好，真是听君一席话，胜似一席话。其实，在具体的方法论上，他也教人静坐澄心（这是程颢、李侗们都重视的工夫），他面向社会民众开公益讲座，他以身示法却不著书，他就是如此的简易朴实。

从这个层面讲，我们认为朱熹伟大，就在他为普通人开示了循序渐进、具体清晰的修养门径；但是陆九渊的重要，在于他提醒我们不要忘了"初心"。陆九渊说："此道本日用常行，近日学者却把作一事张大虚声，名过于实，起人不平之心。"在他看来，"道"就是日常践履，而朱熹等人却好像把道学当作自己的专利，自恃为真理（道）的持掌者，展现出傲慢的排他性，这就难免激起别人的不平之心。你装什么啊？凭什么"道"的解释权在你手上？也出于这个原因，陆九渊的意识中会有一点贬低读书学习、轻视经典知识的倾向。这一思想的影响非常深远。1917 年，毛泽东在湖南一师读书，写过一篇《心之力》，开篇即言："宇宙即我心，我心即宇宙。"可见毛泽东少年时便精熟陆王心学的要义。1942 年他在《整顿党的作风》中言："有许多知识分子，他们自以为很有知识，大摆其知识架子……其实是比较地最无知识的，工农分子的知识有时倒比他们多一点。……唯一的办法就是使他们参加到实际工作中去。"此说不仅批评了知识分子因掌握书本"知识"而引以为傲、脱离实际，而且提出了践履出真知的解决方法。该语境中的"教条"，就是"本本主义"——以书本为最高依据，而轻视践履。

到此，陆学讲得差不多了。我在备课时读到钱穆先生撰写的相关片段，觉得太酷了，忍不住挪到这里：

他（陆九渊）说："今天下学者，惟有两途，一途朴实，一途议论。"九渊的学问思想真可谓朴实之至。惟其朴实,所以易简。"或有讥先生之教人,专欲管归一路者,先生曰:'吾亦只有此一路。'"

继承并发扬陆学、在明代理学中最有影响力的学人,**王守仁(1472—1529)**排第二,没人敢排第一。他后来自号"阳明子",所以"王阳明"更为世人所熟知。他在后世的影响也极为深远,很多大佬以他为人生的榜样,比如蒋介石,把自己居住的草山改名为"阳明山";又如被日本人誉为军神的东乡平八郎,佩戴着"一生伏首拜阳明"的印章。此中缘由,不仅仅归于他的学说与思想,更在于他传奇的人生经历与令人追慕不已的魅力。他二十八岁便考上进士,做官做到刑部、兵部,三十五岁因反对宦官专权,挨了四十廷杖,后被贬到贵州龙场驿,他还要提防宦官派刺客暗杀,幽居在一个极其逼仄的山洞之中。今天你仍可以钻进那个山洞,感受、想象阳明当年是如何在此悟道的。我导师说,阳明属龙,龙年被贬龙场;他老人家也属龙,也在龙年钻进了阳明洞,所以——没什么所以,我们接着讲。他四十八岁那年,宁王发动了蓄谋多年的叛乱,他以机智的谋略、卓越的胆识、极少的兵力在短短三十五天击败十万叛军,生擒宁王。古人所推崇的三不朽——立德,立功,立言,阳明都做到了。

在阳明的时代,朱熹《四书章句集注》作为官方考试教材已用了一个半世纪,他倡导的心学复兴运动正是针对当时日益僵化的程朱学说。我们都听过阳明格竹的故事:

> 先生曰:众人只说格物要依晦翁(朱熹号),何曾把他的说去用?我着实曾用来。初年与钱友同论做圣贤要格天下之物,如今安得这等大的力量?因指亭前竹子,令去格看。钱子早夜去穷格竹子的道理,竭其心思至于三日,便致劳神成疾。当初说他这是精力不足,某因自去穷格,早夜不得其理,到七日,亦以劳思致疾……(《传习录》)

大家想想看,阳明的问题出在哪了?或许他以为,理既然是体现在万物之中,我就以竹子为中心,穷尽那个理。但如果换作朱熹,他会怎么格竹?观察完竹子,再去看看竹谱、问问老圃,实在不行亲手种几棵竹子,这就算格完了,毕竟还要再格别的事物。当时就有学生问程颐:"格物,须物物格之,还只格一物而万理皆知?"程颐即言:"怎生便会该通?若只格一物便通众理,虽颜子亦不敢如此道。须是今日格一件,明日又格一件,积习既多,然后脱然自有贯通处。"我在想,阳明绝非愚钝或不善读书的人,他为何想不通这个道理呢?或许他早年就不认同朱熹的格物穷理之说,并不断追问、思考,理既然不在竹子里,不在外物中,到底在哪呢?

后来他被贬龙场,在洞中静坐,思考如果圣人处于此境将何所为,在一个夜晚恍然大悟:"**始知圣人之道,吾性自足,向之求理于事物者,误也。**"理不在外物,而在我们的心中,**心即是理,心外无理**。

阳明说的"心",就是从孟子到陆九渊所说的本心;"理"非物理、事理,而是道德原理,可谓之"至善"。我们怎么能在外物中求得至善呢?它只能出自我们的本心,我们以至善指导我们的言行、施于外物,赋予外物以道德秩序。

在此基础上,阳明进而讲"**心外无物**":

> 爱曰:"爱昨晓思,格物的'物'字,即是'事'字,皆从心上说。"先生曰:"然。身之主宰便是心,心之所发便是意,意之本体便是知,意之所在便是物。如意在于事亲,即事亲便是一物;意在于事君,即事君便是一物;意在于仁民爱物,即仁民爱物便是一物;意在于视听言动,即视听言动便是一物。所以某说无心外之理,无心外之物。"(《传习录》)

我们来看加点的话,前两句承自朱熹,心是身的主宰,发出来的便是意。但后面两句特别是最后一句,就是阳明的创发了。"意之所在便是物",这句话绝非意识决定物质的唯心论,意在强调我们由心而发的意,必然有一对象,我们的意识是对对象的意识,任何事物都是在与我们意识相关的对应关系中得以定义,比如亲、君等。如此,阳明扩大了物的范畴,我们意识之中的对象也可以是物,比如仁民爱物、视听言动等。至此,阳明给自己年少时"格物"的困扰找到了解释,"**格物**"即是"**格心**","**心外无物**"即是在心上做工夫。

对于"心外无物",当时就有人反对:

> 先生游南镇,一友指岩中花树问曰:"天下无心外之物,如此花树,在深山中自开自落,于我心亦何相关?"先生曰:"你未看此花时,此花与汝心同归于寂;你来看此花时,则此花颜色一时明白起来。便知此花不在你的心外。"(《传习录》)

这位朋友的观点,即是物质可独立于意识而存在。正如二十多年前,一个女生给我写信:"用我妈的话说,地球不会因为离开你而不转动的。"阳明何尝不知这个道理?他的"心外无物"强调的是发生意义。是,这个花可自开自落,但只要此花没进入你的内心,有何意义?

对于"格心",阳明言:

> 格物,如孟子"大人格君心"之"格",是去其心之不正,以全其本体之正。但意念所在,即要去其不正以全其正,即无时无处不是存天理,即是穷理。(《传习录》)

对此,时儒湛若水(1466—1560)指出两点问题:一是《大学》本有"正心"条目,如果"格物"即正念头,那"正心"就没着落了;二是如果把为学等同于"格心",那么读书致知的"道问学"一途就荒疏掉了。我们看到,阳明心学在明代中后期腐败的政治风气、僵化的八股取士的背景中,意义重大,但是不免有"攻其一点,不及其余"的偏颇。

　　我们再来谈谈阳明学中备受后学推崇的"**知行合一**"。有学生问他，很多人明知对父兄当行孝悌，却无所作为，"知"和"行"明明是分开的呀，怎么就合一了呢？阳明说："此已被私欲隔断，不是知行的本体了。未有知而不行者。知而不行，只是未知。"如此我们就明白了，知而不行，说明还没达到"真知"。如果你真心认同一件事，一定会付诸行动，这就是"知行合一"。到了晚年，阳明进一步提出"**致良知**"。《孟子》言："人之所不学而能者，其良能也。所不虑而知者，其良知也。"这里的"不学"并非不必学习，而意在强调先验性，"不虑"体现的是直觉性。阳明说："心自然会知，见父自然知孝，见兄自然知弟（悌），见孺子入井自然知恻隐，此便是良知，不假外求。"由此可知，"良知"是我们先天具备的禀赋。那么，何谓"致良知"？阳明说：

　　　　致者，至也，如云"丧致乎哀"之"致"。……"致知"云者，非若后儒所谓充广其知识之谓也，致吾心之良知焉耳。（《阳明全书·大学问》）

我们有个成语叫"如丧考妣"，人生大悲大恸之一，莫过于父母辞世，所以"丧致乎哀"，这个"致"有"至极"的意涵。阳明非常大胆，以六经注我，"致知"不再是读书学习、扩充知识，而成为他的"致吾心之良知"的工夫论。他特别强调，"致知之必在于行，而不行之不可以为致知也，明矣"，如此便将他的"知行合一"也融贯在一起了。

　　1527 年秋，阳明即将奉命赴广西平息动乱，临行前一晚，在越城天泉桥给俩弟子详讲了他的"四句教法"：

　　　　　　　　　无善无恶心之体

　　　　　　　　　有善有恶意之动

　　　　　　　　　知善知恶是良知

　　　　　　　　　为善去恶是格物

这里需要解释的是第一句,阳明并不是说我们的心无善无恶,而是说我们心体的理想状态,不会执着、受滞于任何的情绪、价值,这是对周敦颐、邵雍、程颢所追求的和乐自得心境的回应,我们也能明显地看到禅宗的影响。此后没多久,阳明就去世了,他的心学在明末影响巨大,直到清学兴,才有所转向。这就是下一讲要谈的内容了。

至此,我们这一讲就要结束了。限于篇幅,当然主要是限于学力,关于宋明理学,我只能讲这么多。也是受到程颢、陆九渊的影响,与其对这一时段做一综述,我更想与大家分享我个人的研习感想。我和你一样,之前也怀着种种偏见和误读,随着研习的深入,我感到他们都是活生生的人,个性鲜明,生活味儿扑面而来(有点像"锅气")。尤其令我震惧的是,我读他们的文字,反观自己,发现自身赤裸裸更无遮羞布。没错,理学就是这样犀利深刻。我会与自己的心灵对话,感慨"认识你自己"这一古老的命题,在宋明学人的阐发与辩论中,在当下仍能唤醒我们的共鸣。假如你问我,你更赞同程朱,还是陆王?我认为,他们之所以彼此争辩,正因为他们有着共同的价值追求和共通的知识场域,他们各有侧重,但缺失了任何一端,硬币将不再是"硬币"。今天我们当然要专心问学,但我们时刻不要忘了,我们不应把"学"当作出人头地的"器","学"是为了通往我们的"心",照亮宋明学人们穷尽一生所追求的"道"。

### 课后延伸

我们在讲论期间,其实已经把研读的原典都开示出来了,在此特别强调四种:

首先是**陈荣捷《近思录详注集评》**,有重庆出版社的简体横排本。《近思录》是朱熹和吕祖谦将周敦颐、张载、二程的重要论说合辑在一起,分为"道体""为学大要""格物穷理"等十四类,共计 622 条。我们在此前的学习中已了解到,古人编书本身就是对学术思想的整合与阐发。《近思录》毫无疑问体现了朱、吕对先师的理解,但对于大家简要入门非常方便——除非你就是想全面了解周、张、二程的思想学说,就是要一本一本地读他们的集子(目前较权威的版本多是繁体竖排,还没注释)。陈荣捷以《庄子研究》拿到哈佛的哲学博士学位,长年在美讲授中国哲学,六十岁后转向研究宋明理学,九十岁撰成《近思录详注集评》(是的,你没看错),备受学界推重。此书在每个条目下,具列历代学人的相关评议,再出注释,"有词必释,有名必究,引句必溯其源"。这真是本精醇厚重的哲思著作啊。

其次,《王阳明传习录详注集评》,还是陈荣捷所撰。

再次,朱熹《四书章句集注》,有中华书局的黄皮精装本。我们在上文已举过一例了,大家特别体味朱熹在注解中阐发的思想,这本书后来作为教材和考试答案,不是开玩笑的。

最后,《陆九渊集》,可读中华书局的黄皮精装本。以上四种原典,基本上代表了宋明理学的最高成就。

## 第七讲

# 理学的反思式转向与深入——清代考据学

### 课前导引

　　关于清代学术的论著,推荐大家精读两种。先读**梁启超**《**清代学术概论**》,五六万字,他吸收了章太炎《訄书·清儒》的观点,融合他旅欧获得的异域反思,借鉴佛学"生、住、异、灭"之说,将清代学术分为启蒙期、全盛期、蜕分期、衰落期。他认为清学是对宋明理学的反动,类似于欧洲的"文艺复兴"。大家只要一读梁的文字,就会被"吸"进去,他的文风是那种不容你分说、冷盘热菜一道道端在你面前,条理清晰,简洁有力,让你忘掉自我沉浸其中,让你不信服都不行。但大家要特别注意,"这种思路的背后的支持系统是进化、科学和实用"(葛兆光语),这三个词都是时代热点,梁写此书时怀有鲜明热切的现实关注,他和胡适都是主张学习西方的。我们需要思考的是,当我们"觉今是而昨非",我们对于过去,是"转向"还是"割舍"? 梁书的分期当然有助于我们把握清学的发展脉络,但是清学有没有衰落? 当今学界有句话,"没有晚清,何来五四?"这本书可读中华书局的平装小册,书前有朱维铮写的导读。如果大家读完此书,意犹未尽,可再读**梁氏**《**中国近三百年学术史**》,这是他在《概论》三年后、执教清华开课时所撰,体量更为厚重。

　　此后大家可读**钱穆先生**《**中国近三百年学术史**》,这本书的研读门槛稍微高一点,至今尚无简体横排本。钱书的字数是梁书的十倍,他当年执教北大,与梁的观点相左,特意开设该课,每次课前印讲义,厚积薄发,耗时五年,遂成此书。是书沿用学案体，以人物为纲；书末附《表》，"于诸学者生卒年月、仕宦出处、师友交游、著作先后，爬罗抉别，一一备载"；钱氏在此期间还写了数篇专论，收在《中国学术思想史论丛》（八）（此书有三联书店的简体版，也推荐读）。他认为中国学术"每转益进"，考据学的兴盛，正是宋明理学的反思式转向与深入。这一观点很有道理，但我们也要注意到，只考察学术思想内部的理路是不足以解释考据学何以形成的。钱穆先生是老教书匠了，该书深入浅出，循序渐进，层层剥析，大家可留意他是如何解读材料的，可从中学到很多解读文本的思路与方法。

此外，大家可读［美］艾尔曼《从理学到朴学：中华帝国晚期思想与社会变化面面观》，这本书从社会、经济的视角考察学术变迁；余英时《论戴震与章学诚》，读书采取"内在理路"的研究方法。

最后，推荐我非常敬佩的徐雁平老师的论著，大家可径从知网上找他的论文（如《书估与清帝国的书籍流转》），也可读读他新编的教材《清代文学与学术研究导引》，了解当前研究清学的视域与方法，或许会有启发。

# 一、清学述要

之所以将清代学术专门列为一讲，实因清代展现出与宋明不同的学术面貌，而且随着现代学术的建立与发展，我们从清儒的学术遗产中继承了大量的知识、方法——时至今日，这一分量仍在加重。比如我导师在《"通义"的形成》一文中指出，相较于西学的"时髦"理论，清儒研究方法仍具有重要的借鉴价值；再比如我们从事古典学研究的人，不精读一两本清儒的考据著作，是无法真正进入古籍的世界的；就个人而言，段玉裁《说文解字注》、孙诒让《周礼正义》、俞樾《古书疑义举例》我读得较熟，没别的，佩服至极，正是他们对文字、音韵的考据，对典籍中"历史的语言"的"考古"，手把手教我读古书。

清代学术只能以"淹博"二字形容，我们在她面前往往望洋兴叹。不夸张地讲，这一时段的文献数量，至少占据古典文献总数的十之七八，时至今日，还有大量的清代文献未得整理乃至发现。我在南大读书时，徐雁平老师编《清代家集丛刊》、文献所编《全清词》，简直是无底洞，新见文献层出不穷。近半个世纪以来，在中国古典学术研究领域产出的论著、硕博学位论文，关于明清、近代的占十之七八。因此，给大家讲这个时段，我真是瑟瑟发抖：在清代学人面前，我感到自己像个文盲；在当今论著面前，我觉得自己是个外行——这比第三讲开篇拿枪顶着我脑门都令我绝望。（好像还挺押韵。）

我请教过身边研究清学的师友：如果从清学中选出三位代表，你会选谁？有选顾炎武、戴震、章太炎者，此三人展现出清学初、中、晚三期的流衍变化；有选顾炎武、戴震、章学诚者，此"章"的成就特受近现代学界的推重；后来我又请教了王国维，他在《沈乙庵先生七十寿序》中，对清学做了精当的概述：

我朝三百年间，学术三变：[Ⅰ]国初（清初）一变也，[Ⅱ]乾（隆）嘉（庆）一变也，[Ⅲ]道（光）咸（丰）以降一变也。[Ⅰ]顺（治）康（熙）之世，天造草昧，学者多胜国（被灭亡之国，此处指明朝）遗老，离（罹，遭到）丧乱之后，志在经世，故多为致用之学。求之经史，得其本原，一扫明代苟且破碎之习，而实学以兴。[Ⅱ]雍（正）乾（隆）以后，纪纲既张，天下大定，士大夫得肆意稽古，不复视为经世之具，而经史、小学、专门之业兴焉。[Ⅲ]道（光）咸（丰）以降，涂（通"途"）辙稍变，言经者及今文，考史者兼辽、金、元，治地理者逮四裔，务为前人所不为，虽承乾嘉专门之学，然亦逆睹（意为预见）世变，有国初诸老经世之志。

故国初之学大，乾嘉之学精，道咸以降之学新。窃于其间得开创者三人焉：曰昆山顾（炎武）先生，曰休宁戴（震）先生，曰嘉定钱（大昕）先生。[Ⅰ]国初之学创于亭林（顾炎武号）；[Ⅱ]乾嘉之学，创于东原（戴震字）、竹汀（钱大昕字）；[Ⅲ]道咸以降之学，乃二派之合而稍偏至者，其开创者，仍当于二派中求之焉。

　　盖尝论之：亭林之学，经世之学也；以经世为体，以经史为用。东原、竹汀之学，经史之学也；以经史为体，而其所得，往往裨于经世。盖一为开国时之学，一为全盛时之学，其涂术不同，亦时势使之然也。道咸以降，学者尚承乾嘉之风，然其时政治风俗，已渐变于昔，国势亦稍稍不振，士大夫有忧之而不知所出，乃或托于先秦、西汉之学，以图变革一切，然颇不循国初及乾嘉诸老为学之成法。……

王国维将清学分为三期——清初、乾嘉、道咸以降：

第Ⅰ期，由明入清的学人，如**顾炎武**、黄宗羲、王夫之等，哀恸明朝灭亡，将其归咎于晚明盛行的心性之学过于空疏、破碎，因此主张“经世致用”，崇尚“实学”，研究经史。

第Ⅱ期，“纪纲既张”，既揭示出当时社会稳定，或许也暗示着统治者强硬的政治威严，以致学人们沉浸于古籍之中，专意于考据，在经史、小学（文字学、音韵学、训诂学）、天文、算数、水地、典章制度、金石、校勘、辑佚等领域都卓有建树。此时大师辈出，多集中在江南地区，**徽学代表戴震**，受学于江永，亦事惠栋为先辈，同乡学人有金榜、程瑶田、凌廷堪等，在北京教出来的弟子有卢文弨、孔广森、段玉裁、王念孙（其子王引之）等，当时以“戴、段、二王”最为卓著；**吴学代表惠栋**，弟子有江声、余萧客，王鸣盛、**钱大昕**、沈彤、江藩等承其绪。此中，**戴震**的成就多在经学领域；而**钱大昕**极力推重史学，并取得了卓越成就。

第Ⅲ期，国势见衰，学人们的研究虽延续乾嘉考据，但研究视域、思路稍变：经学方面，刘逢禄、龚自珍、魏源、康有为等借公羊学主张变革现实政治；史学方面，魏源、李文田、洪钧、柯劭忞等注意到辽、金、元等少数民族的历史；历史地理方面，徐松、张穆、何秋涛、丁谦等关注边疆史地。这些研究都展现出经世致用的现实关切。

在这璀璨的学术星河中,我们将特拎出"考据"来讲,实因考据学堪为清学最大成就、最具特色、最为近百年学界所关注者。〔美〕艾尔曼《从理学到朴学:中华帝国晚期思想与社会变化面面观》指出:"儒家经典受到全面的怀疑,并经由史学化,变成了寻常的史学研究对象和材料。这是知识阶层思想变化最显著的标志。"下面我们就来讲讲这一变化。

# 二、清代考据学的兴起

关于清代考据学——历史课本以"乾嘉考据"特称——何以兴盛,如上文所述,学界仍聚讼纷纭。在此我们仅提供一些说法:

**我们首先要思考,清代考据学的兴起是拔地而起的吗?此前有没有学者从事考据?** 潘次耕由明入清,对于当时流行的前代学术空疏的观点非常不满,他在顾炎武《日知录》的序中说道:

> 自宋迄元,人尚实学,若郑渔仲(樵)、王伯厚(应麟)、魏鹤山(了翁)、马贵与(端临)之流,著述具在,皆博极古今,通达治体,曷尝有空疏无本之学?

这里提到的四位宋元学人,无不在考据方面做出了卓越成就:①郑樵著述九十余种,其中《通志》200 卷,自称"五十载总为一书",融贯前代正史,详载上古至隋唐制度;②王应麟著述二十余种,编撰类书《玉海》200 卷,分为天文、地理、艺文、礼仪、官制、食货等二十一门;又有《困学纪闻》20 卷,以札记的方式考辨学术;③魏了翁藏书十万卷,后创办鹤山书院,撰《九经要义》263卷,《国朝会典》200 卷,《古今考》20 卷;④马端临撰《文献通考》348 卷,博采经史、会要、传记、奏疏等文献,通考历代典章制度,分为田赋、钱币、户口、选举、职官、王礼、经籍等二十四门。由此可见,考据学在宋元时已发展到了相当的程度。

明人沿其绪,在考据学方面更为精进,推荐大家读**林庆彰《明代考据学研究》**,可做详尽了解。在此只能略点一下:明中后期以来,学人们为了解决朱陆异同等理学问题,多有反求于经典的需求;阳明学的余绪加上八股取士的弊陋,导致废学思潮兴起,**杨慎**等学人遂起而纠之;当时学人好古、炫奇,书籍产业极盛,也有助于考据学的发展。

明人考据,一是重视辨订字形,离析字音,考辨古音、连绵字、俗语等,如陈第《毛诗古音考》《屈宋古音考》,方法缜密,开清代古音学。二是辨伪经籍,如梅鷟继承朱熹、元儒吴澄,辨伪《古文尚书》,胡应麟撰《四部正讹》,考辨四部中伪书 104 种,归纳辨伪方法;晚明方以智撰《通雅》,集前人考据学之大成,考据文字音义,方法新颖。

看来,清代考据学的发展、兴盛,正是站在宋元明学人的肩膀上,受到前贤相关知识的积累、方法思路的铺垫。我们受到"一代有一代之胜"的历史书写的遮蔽,有时会忽视此前考据学丰硕的成果。

**其次**,正如我们本讲标题所言,**从学术史内部发展的角度来看,清代考据学是对宋明理学的反思式转向与深入。**

全祖望在《甬上证人书院记》中谈道:

> 自明中叶以后,讲学之风,已为极敝,高谈性命,直入禅障,束书不观,其稍平者则为学究,皆无根之徒耳。先生(黄宗羲)始谓学必原本于经术,而后不为蹈虚;必证明于史籍,而后足以应务。元元本本,可据可依。前此讲堂锢疾,为之一变。

是语揭示出面对明中后期盛行的讲学空疏风气,黄宗羲重提对经术、史学的重视。《清史稿》载黄宗羲谓:

　　明人讲学，袭语录之糟粕，不以六经为根柢，束书而从事于游谈。故问学者必先穷经，经术所以经世。不为迂儒，必兼读史。<u>读史不多，无以证理之变化</u>；<u>多而不求于心，则为俗学。</u>

这番话与全祖望所言基本一致。黄宗羲强调经术的优先性，研习经术的目的在于经世致用，正是对此前学风的反思。我们特别注意画横线的句子，展现出黄宗羲推重经史之学的思路仍在性理之学的轨迹上：读史可知过往人事，积累到一定程度，要在归纳、印证**理一**；在了解历史中的经验与教训的同时，要能反观、求索自己的**本心**，如果只追求博闻多识，便落为俗学。

　　我们再来看看与黄宗羲同时、备受后来学人推崇、被视为清学开创者的**顾炎武**(1613—1682)。他年少时加入复社，中年时抵抗清军，坚守昆山，生母右臂被清兵砍断，两个弟弟被杀，九天后常熟陷落，其嗣母绝食殉国。在此后反清复明的活动中，他被仆人背叛，拒不承认与钱谦益(降清而暗中反清者)有干系，遭到过刺客袭击。晚年浪迹北方，走路读书。那时清政日渐稳固，多次召他出仕，他说："人人可出，而炎武不可出。"

　　他在《与友人论学书》中说：

　　窃叹夫百余年以来之为学者，往往言心言性，而茫乎不得其解也。<u>命与仁，夫子之所罕言也</u>；<u>性与天道，子贡之所未得闻也</u>。……今之君子则不然，聚宾客门人之学者数十百人……而一皆与之言心言性。舍"多学而识"以求"一贯"之方，置"四海之困穷"不言而终日讲"危微精一"之说。……我弗敢知也。……愚所谓圣人之道者如之何？曰"博学于文"，曰"行己有耻"。自一身以至于天下国家，皆学之事也。自子臣弟友以至出入往来、辞受取与之间，皆有耻之事也。……士而不先言耻，则为无本之人；非好古而多闻，则为空虚之学。以无本之人，而讲空虚之学，吾见其日从事于圣人，而去之弥远也。

　　这段话分两层意思,前四行半是"昨非",后四行半是"今是"。顾炎武在第二行所言,出自《论语》,弟子们回忆老师的教诲,绝少谈到"命",至于"性"与"天道",几乎都没听过。今天我们知道,这是早期儒学在构建道论时的"学术空白"。然而文中的意思是,连孔子都不敢轻易谈论这些深奥的问题,近百年来的学者却张口言"性"、闭口修"心"("什么档次"),不追随圣人的"多学而识",反而一味追求简约、终极的"一以贯之"的"道";生活在四海困穷的社会现实中,却天天叨叨着"人心惟危,道心惟微,惟精惟一,允执厥中"的心性学说。这简直是本末倒置、扯淡之极,我炎武是不敢与闻的。接着,他提出自己的主张:**圣人之道,要在①博学于文与②行己有耻二端**。顾炎武扩大了"学"的范围,不再限于经籍之中,小到自己身边事,大到家国天下,处处都值得一学;他从空泛的"心性"概念中特拎出一人人都有深刻体悟的"耻",并将这一具体的道德内涵与我们日常生活中的言行举止相关联。此中既有顾炎武对宋明理学批判性的总结,也有他在易代之际转移学风的努力。

　　那么,既然不能像晚明狂禅一派"满街皆是圣人"那样空疏,总得读点什么、学点具体的吧?顾炎武认为:

　　　　理学之名,自宋人始有之。古之所谓理学,经学也。

对此,全祖望在《亭林先生神道表》也引述过:

　　　　古今安得别有所谓理学者? 经学即理学也。自有舍经学以言理学者,而邪说以起。

这一观点并非顾炎武独创,晚明方以智在《青原山志略》的"发凡"中已言"藏理学于经学",钱谦益也有类似说法。总之,大家还在说"理学",但是它就像个瓶子的标签,瓶里的内容已经置换成了"经学"。唯其如此,才能从他们认为的空疏之学转向有本可依、有法可循的经世实学。这正如马克思所说:"借更改名称以改变事物,乃是人类天赋的诡辩法。当直接利益十分冲动时,就寻找一个缝隙以便在传统的范围以内打破传统。"

顾炎武读书、问学的思路是:

> 读九经自考文始,考文自知音始。以至诸子百家之书,亦莫不然。
>
> 君子之为学,以明道也,以救世也。……今为《音学》五书》,以续《三百篇》以来久绝之传;而别著《日知录》,上篇经术,中篇治道,下篇博闻,共三十余卷。有王者起,将以见诸行事,以跻斯世于治古之隆,而未敢为今人道也。

总结出来即是:**知音→考文→通经→明道→救世**。在这一"求道"的理路中,具体的方法与门径只有读书一条:先读经书,进而至诸子百家;通音韵、识文字成为读书最基本的功夫。顾炎武的治学方法总结起来,一是明流变,二是求佐证。比如他研究古音,就注意上古、中古音韵的变化;研经考史,则从校勘经籍入手,征引例证以参佐。再者,顾氏的"明道"不再如陆、王要成为圣人,而志在救世,此中展现出积极的现实用意。

比顾炎武稍晚的颜元(1635—1704),对理学的批判更激烈:

> 朱子教人半日静坐,半日读书,无异于半日当和尚,半日当汉儒,试问一日十二时,那一刻是尧、舜、周、孔?

大家看看猛不猛!颜元号"习斋",主张"习行""习动""践行",推重经世之学,如兵、农、礼乐,于农事又特重水利,他对理学的"拨正"难免有些偏激,但可见当时思潮之转向。枝蔓一句,余英时在《论戴震与章学诚》中有句引人深思的话："儒学发展史告诉我们，极端的德性论和功利论往往会走上一个共同的方向，即反智识主义（anti-intellectualism）。因此陆、王的末流和清代的顾、李学派都把知识看作毒药。反智识主义又可以分为两个重要方面：一是反书本知识、反理论知识，或谓其无用，或谓其适成求'道'的障碍；另一个方面则是由于轻视或敌视知识遂进而反知识分子，所谓'书生无用''书生不晓事'等等话头即由此而起。"

我们再来看看学林公认的"乾嘉大师"戴震（1724—1777），他生于商贩之家，十八岁师从江永，精进于筹算、音韵、名物、训诂等领域；三十岁进京，见知于钱大昕，后经钱氏推荐，入礼部侍郎秦蕙田幕下编撰《五礼通考》，渐渐名扬京师，乾隆写诗夸他；后来教弟子、修方志，晚年撰《孟子字义疏证》。戴震在《与是仲明论学书》中，清晰地表述了他的学术观点：

　　经之至者道也，所以明道者其词也，所以成词者字也。由字以通其词，由词以通其道，必有渐。求所谓字，考诸篆书，得许氏《说文解字》，三年，知其节目，渐睹古圣人制作本始。又疑许氏于故训未能尽，从友人假《十三经注疏》读之，则知一字之义，当贯群经、本六书，然后为定。

　　至若经之难明，尚有若干事：[1]诵《尧典》数行至"乃命羲和"，不知恒星七政所以运行，则掩卷不能卒业；[2]诵《周南》《召南》，自《关雎》而往，不知古音，徒强以协韵，则龃龉失读；[3]诵古《礼经》，先《士冠礼》，不知古者宫室、衣服等制，则迷于其方，莫辨其用；[4]不知古今地名沿革，则《禹贡》《职方》失其处所；[5]不知"少广""旁要"，则《考工》之器不能因文而推其制；[6]不知鸟兽、虫鱼、草木之状类名号，则比、兴之意乖。而字学、故训、音声，未始相离，声与音，又经纬衡从宜辨。

　　……谓大道可以径至者，如宋之陆，明之陈、王，废讲习讨论之学，假所谓"尊德性"以美其名。然舍夫"道问学"，则恶可命之"尊德性"乎？

相较于一百年前的"经学即理学",戴震已绕开理学,径言"道在六经",明道的途径唯有从字、词入手。他以自己研读历程为例,读《说文解字》三年,觉得自己初步认字了,进而读《十三经注疏》(此时阮元的校刻本还没面世),意识到仅仅依据六书理论仍不够,还要通考一个字在不同经籍中的意思(这一对读、比勘、重视语境的研读方法值得我们学习)。在第二段中,戴震列举读经时遇到的困难,涉及的领域分别是:[1]天文历法,[2]上古音韵,[3]典章制度,[4]历史地理,[5]数度,[6]博物。戴震受时儒推重的很大一部分原因,就在于他在这六个领域都取得了相当的成就。(此后学人更是在这些领域取得了更为精深的成果。)在第三段中,戴震对陆王侧重的"尊德性"提出疑问,展现了一代学人在{理学 V.S.考据学}视域中的思考。

后来,戴震与吴学大佬惠栋(1697—1758)结识,受到他的影响。梁启超用八个字总括惠栋的学说,"凡古必真,凡汉皆好",深中肯綮。惠栋去世后,戴震在《题惠定宇(惠栋字)先生授经图》一文中言道:

> 震……病夫六经微言,后人以歧趋而失之也。言者辄曰:"有汉儒经学,有宋儒经学,一主于故训,一主于理义。"此诚震之大不解也者。夫所谓理义,苟可以舍经而空凭胸臆,将人人凿空得之,奚有于经学之云乎哉?惟空凭胸臆之卒无当于贤人圣人之理义,然后求之古经;求之古经而遗文垂绝、今古悬隔也,然后求之故训。故训明则古经明,古经明则贤人圣人之理义明,而我心之所同然者,乃因之而明。贤人圣人之理义非它,存乎典章制度者是也。松崖(惠栋号)先生之为经也,欲学者事于汉经师之故训,以博稽三古典章制度,由是推求理义,确有据依。彼歧故训、理义二之,是故训非以明理义,而故训胡为?理义不存乎典章制度,势必流入异学曲说而不自知,其亦远乎先生之教矣。

这段文字中所展现的"明故训→明古经→明理→明心"的理念,不复赘言。

值得我们关注的是,当时流行着汉学 V.S. 宋学的观念,并将"故训"与"理义"对立起来——今天我们是否也如此来看汉、宋之别? 戴震说他"大不解",实是绝不认同于此,我们这么辛苦地考据、搞明白故训之义是为了什么? 我们闲得没事干吗? 我们难道不是为了探求圣贤在古经中遗留的理义吗? 钱穆先生说,惠栋"求古",戴震"求是",两者殊途同归,大家想想,这个"是"怎么界定? 难道不就是"最古"(最本初)吗? 所以我们说考据学实为理学的转向与深入,正是基于时儒的治学理念。

**再次**,我们从历史课本中得知,**清代统治者的政治高压,也对士人们埋首故纸堆产生了一定影响**。大家注意,"一定"的意思是很有限,我们一方面绝不能夸大政治高压的影响(这就像高考没考好归咎于考场外的蝉声太吵),但另一方面也需要对此有所了解,如顺治十八年(1661)江南奏销案,康熙二年(1663)湖州庄氏明史案,雍正四年(1726)查嗣庭"维民所止"案等。乾隆朝的文字狱更为琐细,又通过编纂"四库全书"向天下征书,先后 24 次烧毁犯禁书籍,共 538 种,13 862 部。

这么讲未免失之过简,我们再多说几句。宋学中有一个明确的追求,得君行道,如王安石相神宗,程颐傅哲宗,朱熹即将面圣,吕祖谦写信给他:"今日先务,恐当启迪主心,使有尊德乐道之诚……"我们说宋学了不起,其中一个原因就是当时士大夫不苟且于高官厚禄,有着以天下治乱为己任的担当。然而到了清代,乾隆御制《书程颐论经筵札子后》:

> 夫用宰相者,非人君其谁为之? 使为人君者,但深居高处,自修其德,惟以天下之治乱付之宰相,己不过问,幸而所用若韩(琦)、范(仲淹),犹不免于上殿之相争,设不幸而所用若王(钦若)、吕(夷简),天下岂有不乱者! 此不可也。且使为宰相者,居然以天下之治乱为己任,而目无其君,此尤大不可也。

明代已废宰相制,乾隆意在集权,本无可置喙。但在他意识中,将士人的政治担当视为僭越皇权的"大不敬",试问谁还敢在著述中谈论天下治乱?

乾隆四十五年(1780),朝鲜人朴趾源在《热河日记》中写道:

> 清人入主中国,阴察学术宗主之所在与夫当时趋向之众寡,于是从众而力主之。升享朱子于十哲之列,而号于天下曰:朱子之道即吾帝室之家学也,遂天下洽然悦服者有之,缘饰希世者有之……其所以动遵朱子者非他也,骑天下士大夫之项扼其咽而抚其背,天下之士大夫率被其愚胁,区区自泥于仪文节目之中而莫之能觉也。

朴氏清晰地看到,当时士大夫的思想由宗陆转向宗朱,这一点被清统治者敏锐地捕捉并利用,将朱学提升为"帝室家学",把持在手上,作为权柄以驾驭臣下。换言之,清统治者深谙"知识"与"权力"之间的转换。钱穆先生举了一个例子,毛奇龄撰《四书改错》,指出四书中 451 条错误,后来得知康熙将朱熹升祀孔庙,立刻毁掉此书的刻板。葛兆光也举例,康熙斥责李光地"冒名理学",表彰熊赐履"唯宗朱熹",李光地从此一改自己的学术取向,成为理学名臣。从康熙到乾隆,百年来,士大夫的奴性就这样养成了,延及民众,渐渐形成了"思想的自我阉割"意识。我们在鲁迅的小说或老舍的《茶馆》中会读到这样的情节:有时人们讲一件事,讲着讲着声音就低了,或者意识到不该说,就此打住!

钱穆先生指出,乾嘉考据盛于江浙,迄南宋以降,此地的经济文化居全国之首,也是清军屠戮最烈、反清思想最流行者。当时有不应科举、以家传经训为名高者(如惠栋),亦有一涉科第、稍经仕宦即脱身而去、不再留恋者(如钱大昕、全祖望等)。但是为何我们看不到他们反朝廷、反功令的只言片语——大家想想,为何看不到?他们会表露出来吗?他们对程朱理学的批判中,是否夹带着一点寄托?

**最后**，还有个值得深究的问题，十六世纪以来，欧洲传教士来我国传教，影响了相当一批士人，尤其是传播了大量天文、历法、算学等方面的知识，这些**西学是否对乾嘉考据产生了影响？**

欧洲学者引介西方书籍与文化的途径，与中古佛教的进入有相似之处，要在转换概念，比如利玛窦（Matteo Ricci，1552—1610）撰《天主实义》，旨在"补儒易佛"；高一志（Alfonso Vagnone，1568—1640）翻译亚里士多德的《伦理学》，分为"修身""齐家""治平"等门类。艾儒略（Giulio Aleni，1582—1649）撰《西学凡》，将"哲学"译为"理学"。当时一些士大夫对西学持欢迎态度，如天启三年（1623），李之藻为艾儒略《职方外纪》作序，提到金尼阁（Nicolas Trigault，1577—1628）带来了七千部书，"欲贡之兰台麟室，以参会东西圣贤学术者也"，由此可见当时进入中国的西学典籍之丰赡。还有一些士大夫必须再次转换西学的身份，方可满足自家的自尊心，就像中古时人看待佛教一样，主张"西学中源"。比如晚明方以智的儿子方中履，接受了利玛窦《坤舆万国全图》的观点，但是要引用《黄帝内经》、《周髀算经》、邵雍、朱熹等说，证明"中国之说本明，至利玛窦入而始畅"；黄宗羲说"勾股之术乃周公、商高之遗，而后人失之，使西人得以窃其传"。当然，仍有学人警惕西学，他们看到，假如"天下"是个球，按照一定的轨迹转动，那"天道"的依据是什么？阮元在《畴人传》中就指出，西人"误认苍苍者天果有如是诸轮者""以为地球动而太阳静"，那么"上下易位，动静倒置，则离经叛道，不可为训，固未有若是之甚者"。当时西学在中国已有相当的影响，尽管集中在天文、历法、数学等领域，但仍引发我们猜想，乾嘉考据"实事求是"的精神、概念的抽绎、归纳法的运用，有没有可能受到西学影响？——这是我们认知"国学"绕不开的问题。

学界也对此展开讨论，**以戴震为例**。

戴震在算学领域的师承，可推至梅文鼎（1633—1721）。梅氏会通中西算学，力主"西学中源"，后得李光地力推而面圣，康熙夸他"用力深，书甚细心"，从此梅氏感恩戴德，为圣上背书："伏读圣制《三角形论》，谓古人历法流传西土，彼土之人习而加精焉尔。"至于戴震的老师江永自称私淑梅氏，却不认同梅氏的"主中而黜西"的做法，他鼓吹西学，却未得认同。徐道彬指出，戴震对此颇有会心，他吸收西方算学，却转换成自家的话语。戴震的弟子段玉裁敏锐地指出："《勾股割圜记》以西法为之，注亦先生所自为，假名吴君思孝。皆如左太冲《三都赋注》假名张载、刘逵也。"王国维说，戴氏"象数之学根于西法，与江氏同；而不肯公言等韵西法，与江氏异"。《东原年谱》载学生记戴震言："《割圜》上二篇成，下一篇难做，却取太史公《信陵君列传》玩味一番，遂成下篇。"这话太有意思了，为什么"难做"？我们有时会遇到"夹在中间难做人"，为什么要专门读司马迁这一篇？因为信陵君最大的功劳就是"窃符救赵"！戴震托名作注是不是为了"窃西救中"呢？

那么，戴震有没有将西学融入考据之中？我们看他生平最重视的著作《孟子字义疏证》，张秉伦在《戴震全书·序》中指出："戴震受几何学方法的影响……《孟子字义疏证》正是按照《几何原本》那种'以前提为依据，层层展开，重重开发'，累累交承，至终不绝的体例撰写的。他不取传统的'疏证'体例，而大至全书，细至各个章节，几乎都遵循《几何原本》中的定义、公理、证明、演绎等逻辑程序展开的，致使全书层次分明、逻辑精密，析薪剖理，快捷明了，形成了一个体系性学说。"

王世光《戴震哲学与〈几何原本〉关系考辨》一文则认为："《孟子字义疏证》的创作体例也是前有古人，后有来者。《孟子字义疏证》从形式上看更像一部字典，实际上是讲范畴的，上卷解说理；中卷解说天道、性；下卷解说才、道、仁义礼智、诚、权。在中国哲学史上，以范畴为核心来阐释哲学思想并非是戴震首创，南宋朱熹弟子陈淳的《北溪字义》已开先河，此书上卷阐释命、性、心、情、才、志、意、仁义礼智、忠信、忠恕、一贯、诚、敬、恭敬；下卷阐释道、理、德、太极、皇极、中和、中庸、礼乐、经权、义利、鬼神、佛老。它在逻辑严密性方面比《孟子字义疏证》毫不逊色。《四库全书总目》称此书'以四书字义分二十有六门,每拈一字,详论原委,旁引曲证,以畅其论',可谓的解。与陈淳同时的程端蒙,朱熹弟子之一,作《性理字训》一卷,体例也与《北溪字义》同,只不过是作为理学的启蒙教材而已。"

我把正反的论述都列了出来,也想以此让大家看到清代学术的内在张力,至今仍有很多值得我们探究之处。

# 三、清代考据学举隅

在对清学有了大致了解的基础上,我们尝鼎一脔,看看清儒是如何具体展开考据的。梁启超对当时学人形成的考据理念做过精当的总结:①凡立一义,必凭证据,无证据而以臆度者,在所必摈;②选择证据,以古为尚;③孤证不为定说,其无反证者姑存之,得有续证则渐信之,遇有力之证则弃之;④隐匿证据或曲解证据,皆认为不德;⑤最喜罗列事项之同类者,为比较的研究,而求得其公则;⑥凡采用旧说,必明引之,剿说认为大不德;⑦所见不合,则相辩诘,虽弟子驳难本师,亦所不避,受之者从不以为忤;⑧辩诘以本问题为范围,词旨务笃实温厚,虽不肯枉自己意见,同时仍尊重别人意见;⑨喜专治一业,为"窄而深"的研究;⑩文体贵朴实简洁,最忌"言有枝叶"。有大佬背书,我便无须赘言,略举四家:

## (一) 段玉裁《说文解字注》

段玉裁(1735—1815)是戴震的高足,他将毕生精力倾注在《说文》一书中,启慧后学,影响极大。王国维在学术上的转折,就是在去日本的海上途中,精读此书;我读博时曾立志早上五点半起床做晨课,读过一部分(很惭愧,学力水平不够,没能读完)。

我们来尝一则,下面这段文字考证"縿"为何物。大家回忆看过的古装戏,王侯将相出行,有人掌旌旗,那个布面就是"縿";旗面的边缘会有垂条,那个就是"游"。因此,"縿"不是"旌旗之游",段玉裁经由考证,大胆地在此补充"所属"二字,"縿"是旌旗之游所附属之物。提前说一句,这段文字对大家而言不大友好,还请大家耐心、细心、狠心地精读一过:

> 縿,旌旗之游<u>所属</u>也。【段注】 ①各本失"所属"二字,今补。《杁部》曰:"游,旌旗之流也。" ②《周礼·巾车》注云:"正幅为縿,游则属焉。"《正义》曰:"正幅为縿,《尔雅》文。"又《觐礼正义》:"《尔雅》说旌旗正幅为縿。"唐后《尔雅》夺"正幅为縿"四字,邢疏不能考补。**縿**是旌旗之体,游则属焉。故孙炎注曰:"为旒于縿。"郭璞曰:"縿,众旒所箸。"戴先生曰:"游,箸縿垂者也,交龙鸟隼之属,皆画于縿。" ③《尔雅》曰:"纁帛縿。"郑本之,曰:九旗之帛皆用绛。上有弧以张**縿**之幅,见《觐礼》《明堂位》《考工记》;下以人维(意为"系")之,《周礼·节服氏》"六人维王之太常",《尔雅》"维以缕"是也。所以太常必维之者,正恐其游长曳地。《毛诗》"素丝纰之",大夫旌旗之游亦维持之也。 ④游属于**縿**,而统于**縿**,然《杁部》"游"下不云"旌旗之縿"也,则知"縿"下断不云"旌旗之游"。理合析言,不得浑言矣。

我将这段考证分成四部分:

①总说结论,并用内证法,引据《说文》的《杁部》,指出"游"是旌旗的流。

②段玉裁用外证法,引据汉代经注、晋人辞书注、唐人疏,并引用老师戴震的话,进一步论证"縿"为正幅,"游"是"縿"的附属物。

③那么,这个"縿"到底是啥样?《尔雅》认为是红色与白色的丝绸(纁帛縿),郑玄也持此观点,"九旗之帛"都是红色的。段玉裁进而根据三《礼》等文献,指出

要用弧把"縿"的布面抻开,人们举着旗杆,还要系着旌旗的垂条(游),怕它太长了拖曳在地;段玉裁引《诗经》,指出大夫这个级别的旌旗之游也是如此。这一小节从名物、制度的角度考察"縿"及"游"。我从黄以周《礼书通故》截了个图,供大家有个直观的了解。

④最后再次指出"游"和"縿"的从属关系,段玉裁根据《认部》"游"下不说"旌旗之縿"(而是"旌旗之流")推断,"縿"下一定不会是"旌旗之游",这是依据《说文解字》的书写体例所得。

## (二) 钱大昕《廿二史考异》

本讲第一节已指出,钱大昕(1728—1804)特重史学。其实王阳明已提出"五经亦史",后来何良俊、王世贞、李贽提出"经史一物",但是史学在清初似乎未得到学人们应有的重视。乾嘉之际,钱大昕倾注毕生精力,撰《廿二史考异》(1797),考辨历代正史;此间,王鸣盛撰《十七史商榷》(1787),赵翼撰《廿二史札记》(1800),章学诚撰《文史通义》(1801),指出"六经皆史也。古人不著书,古人未尝离事而言理,六经皆先王之政典也",可见一时学风所向。

钱大昕为《廿二史札记》作序,言道:

> 经与史岂有二学哉!……予谓经以明伦,虚灵玄妙之论,似精实非精也。经以致用,迂阔刻深之谈,似正实非正也。

钱大昕终生贯彻这一理念,晚年主讲于紫阳书院,仍主张"史学与经学并重"。有意思的是,钱大昕指出经学"明伦""致用"之余,表达出对走偏路、极端的时儒的讥讽,不可不谓大胆。

在他看来,正史,编年、别史、典故、传记杂事、碑版石刻、文集选本、郡县志书、稗官小说等,都可作为史料。他指出,"予尝论史家先**通官制**,次**精舆地**,次**辨氏族**,否则涉笔便误"(《廿二史考异》),并在这些领域的考据方面取得了精卓的创见。限于篇幅，无法展开，兹举我们更易读懂、当然也很有名的一例，他发现《后汉书·郭太传》中有 74 个字是从唐人的注文中掺进了正文。他指出：

> 初，（郭）太始至南州，过袁奉高，不宿而去；从叔度，累日不去。或以问太。太曰："奉高之器，譬之泛、滥，虽清而易挹。叔度之器，汪汪若千顷之陂，澄之不清，挠之不浊，不可量也。"已而果然，太以是名闻天下。
>
> 予初读此传，至此数行，疑其词句不伦。蔚宗（《后汉书》作者范晔的字）避其父名，篇中前后皆称"林宗"，即它传亦然，此独书其名，一疑也；且其事已载《黄宪传》，不当重出，二疑也；叔度书字而不书姓，三疑也；前云"于是名震京师"，此又云"以是名闻天下"，词意重沓，四疑也。后得闽中旧本，乃知此七十四字，本章怀注引谢承《书》之文。叔度不书姓者，蒙上"入汝南则交黄叔度"而言也。今本皆傀入正文，惟闽本犹不失其旧。闽本系明嘉靖己酉岁按察使周采等校刊，其源出于宋刻，较之它本为善。如左原以下十人，附书《林宗传》末，今本各自跳行，闽本独否。"泛滥"，《黄宪传》作"氿滥"，谓氿泉、滥泉也，此作"泛"，讹。

钱大昕的考证思路是：

先从范晔的家世、书写体例入手，举出四个疑点：第一，范晔的父亲叫范泰，"泰"与"太"相通，时人作文，当避先人的名讳，为什么在这篇的上下文中都称郭太的字"林宗"，此处却写他的名字"太"？单凭此就可怀疑这段文字非范晔所书。第二，这里的情节，已在此前的《黄宪传》讲过了，这里不该又写一遍。第三，如果"叔度"（黄宪的字）第一次在本文登场，至少要写他的姓，如果径书以字，说明写这段文字的人认为不用向读者解释叔度是谁。第四，上文已有"于是名震京师"，这里何必再写"以是名闻天下"呢？

然后，钱大昕从文献学入手，自己后来得到了宋刻旧本，发现这段文字是唐高宗第六子李贤（章怀）的注文，引用东吴谢承所撰《后汉书》（此书原一百三十卷，已佚，学人简称为"谢承《书》"）。

最后，钱大昕指出这个宋刻本的优点，比如左原等十人，本附在这篇传记之后；再如上文的"泛、滥"，一个人怎么可能被比喻成"泛滥"呢？这个宋刻本写作"汜、滥"，我们就明白了，是汜泉、滥泉。

大家看，钱氏简直如老吏断案，先理校，后拿出文献实证；不仅讲明白了"作案动机"（为何出现讹误），而且还顺手校勘出文字的谬误。白寿彝在《中国史学史教本》中指出："大昕的考证之法，主要是三点：一是取证。汇集和考辨大量的材料，主要是'正史'的记载，加之以谱牒家乘、稗官野史作为参考，还运用一些金石文字作为佐证。二是比较。对于众多的取证材料，先排比其现象，继计较彼此的异同，再观察先后的联系，以求历史的真实。然后断定史籍记载的正误与是非。三是专题考索。把材料整理出头绪，弄清所考的问题有无价值，再按所考问题的大小与价值写成一条专文。"

### （三）王念孙、王引之《经义述闻》

王念孙（1744—1832）及其子引之（1766—1834），被称为"高邮二王"，又与段玉裁被合称为"段王"。相较于段玉裁在文字学方面的成就，王氏在训诂学、校勘学方面贡献卓绝：关于前者，代表作**《广雅疏证》**，徐复评"其书**就古音以求古义，引申触类**，扩充于《尔雅》《说文》，无所不达。然声音文字部分之严，一丝不乱……其**以声音通训诂**，语多独创，其词源、词族之研究，尤微至"；关于后者，代表作**《读书杂志》**，校勘先秦古书，订正文字讹误，考辨音义，疏通文意。二王是清代考据学的又一座高峰，影响巨大。我曾整理胡小石先生（1888—1962）的楚辞学论稿，他采用的考释方法便从《广雅疏证》而来。以上两种书，大家如有兴趣，不妨找来读。

王引之据其父论述、参以自家见解，撰《经义述闻》三十二卷，校勘经文。我们就此举"终风且暴"条：

家大人曰：《终风》篇"终风且暴"，《毛诗》曰："终日风为终风。"《韩诗》曰："终风，西风也。"此皆缘词生训，非经文本义。终犹既也，言既风且暴也。〔《尔雅》曰："南风谓之凯风，东风谓之谷风，北风谓之凉风，西风谓之泰风，焚轮谓之颓，回风为飘。"以上六句，通释《诗》词而不及"终风"。又曰："日出而风为暴，风而雨土为霾，阴而风为曀。"以上三句专释此诗之文，而亦不及"终风"。然则"终"为语词明矣。〕

《燕燕》曰："终温且惠，淑慎其身。"《北门》曰："终窭且贫，莫知我艰。"《小雅·伐木》曰："神之听之，终和且平。"〔《商颂·那》曰："既和且平。"〕《甫田》曰："禾易长亩，终善且有。"《正月》曰："终其永怀，又窘阴雨。""终"字皆当训为"既"。

〔《王风·葛藟》篇"终远兄弟"，言既远兄弟也。《郑风·扬之水》篇"终鲜兄弟"，言既鲜兄弟也。《鄘风·定之方中》篇"终然允臧"，言既而允臧也。《列女传·楚昭越姬》曰"昔吾先君庄王淫乐三年，不听政事，终而能改，卒霸天下"，言既而能改也。〕

"既、终"，语之转。"既已"之"既"转为"终"，犹"既尽"之"既"转为"终"耳。解者皆失之。

这一条比上面两条稍易读一些，是"历来公认为词句训释巅峰之作的两个成功范例"（杨逢彬语）之一。"家大人"就是念孙言，"〔 〕"中的楷体字即引之补语。为了便于阅读，我分成了四小节：

①这一条考辨战国秦汉之际对《诗经》的错误解读——《毛诗》把原文的"终风"解释成"终日风"，《韩诗》解释为"西风"，都不对。王氏指出，这里的"终"和"且"相连，是"and……and……"的意思。引之这里的补语，引据《尔雅》证明没有"终风"这个词，推断"终"是虚字（"语词"）。

②进入《诗》的内部语境，引据《诗》中"终……且……"句式。

③引之补充《诗》中也有单以"终"为"既"义的案例，进而补一条《列女

传》的案例，使得论据更加丰富详实。

　　④最后总结。"语之转"是专门的音韵学术语，一般来讲是两个字具有声韵接近的关系，但也不是很严格。比如这里的"既"是见母物部，"终"是章母冬部，见母与章母相关联的字并不多（如"支"和"枝"，"旨"和"稽"等），"既"和"终"并非声韵的关系，而是义近。"既已"的"既"、"既尽"的"既"，都有{终}的意思。

### （四）俞樾《古书疑义举例》

　　最后我们再举一例，清代最后的朴学大师——俞樾（1821—1907），他所撰《古书疑义举例》的一个重要特点，要在具有鲜明的抽绎意识。他博通古籍，归纳出古人撰作的一些义例，以此为专题（如"上下文异字同义例""倒文协韵例""助语用'不'字例"等），然后具列例证。我们来看他在"以'读若'字代本字例"中的一条：

> 　　《易·鼎·象传》曰："鼎，象也。"按：六十四卦，皆观象系辞，而独于鼎言象，义不可通。虞注曰："象事知器，故独言象也。"此亦曲为之说耳。
> 　　《周易》"象"字，依《说文》当作"像"。《说文·人部》："像，象也。从人，象声，读若'养字'之'养'。"然则"鼎，象也"，犹曰"鼎，养也"。（《鼎·象传》下文云"圣人亨以享上帝，而大亨以养圣贤"，是其义也。学者不知"象"为"养"之假字，故不得其义。

我们将其分成两段：

　　他先列出疑义，《周易》"鼎"卦的这个"鼎"是什么意思？战国秦汉之际的《象传》说是"象"。"鼎"怎么就是"象"了呢？不通啊。三国吴的虞翻做了曲解，不可从。

　　俞樾在《说文》中找到了答案，许慎指出，"像"就是"象"，读若"养"，因声通义,"像""象"便可代"养"义;《鼎·象传》下文便就"养"展开了阐发,可见此处的"象"就是"养"义。

关于"读若"用法,段玉裁在《周礼汉读考·序》中做过系统总结,他认为"读如、读若者,拟其音也……读为、读曰者,易其字也";我们看到,俞樾此例,修正了这一区分,指出"读若"亦可"易其字",在段说的基础上更为进益。俞氏此说遂成为当今学界定论,洪诚在《训诂学》中指出,改字拟音,既可以用"读如",也可以用"读为",不改字表义,"读如""读为"也可以通用。由此可见俞氏对后学之贡献。

至此,想必大家清晰地看到清人如何教我们读古书了。我们的典籍自有其书写的体例与方式,即便在 AI 高速发展、西学理论蜂起的当下,清代考据学给我们的遗产,仍具有无可替代的地位与价值。但我还有个问题,请大家一起思考:清人所追求的由考据而求义理的目标,实现了吗? 这些精深绝妙的研读方法与学术成果,是否有利于社会发展、技术进步、民生改善?

# 四、说在最后

关于清学(特别是考据学一端),就讲到这里。我们的这趟"国学"思想之旅就要到站了,大家可能会问,怎么不讲晚清呢?

19 世纪以后,内乱、外患交递袭来,面临空前的政治、社会危机,士大夫们不复如乾嘉学人那样从容专注地"道问学",他们再度推尊顾炎武的"明道救世",比如在上海开设广方言馆以培养西学人才的冯桂芬,字林一,号景亭,以表对顾氏的景仰。当此之际,人们对"道"的认知也再度发生剧变——上一次是诸子论衡之时。劳思光论及顾炎武的考据学成就,说:"就知识之成立之标准说,持科学方法者必须立某种客观之方法理论,而不能依一信仰而言真伪。而亭林则显然以所谓'经'为标准,则其治学之第一假定即在于经书之权威地位,此与所谓科学精神距离极远。"没错,乾嘉考据诸学人所追求的"实事求是"，正是以"经载道"的信仰为逻辑起点，并将自己的思维框限其中，这大概就是为什么我们的学术土壤没能生成西方的"现代""科学"。当我们读晚清学人的论著，如章太炎在《原道》文末言："道若无歧，宇宙至今如抟炭，大地至今如孰乳已。"在他的观念中，"道"经由"歧"的演化，衍生出宇宙、万物，这正是斯宾塞（Herbert Spencer）以星云假说为基础的宇宙进化论的思路。我们看到，此时的"道"已脱离了"国学"的"盘"，进入西学范畴之中，并在此后的一百年来，有识之士一方面怀着五味杂陈的心情学习、消化"现代"带来的种种冲击，另一方面也在扪心自问，我们的学术、文化将何去何从？这就又回到了我们在第一讲谈到的——"国学"就这样出现了。

在讲这门课、写这本小书时，我和你一样，始终历经着这样的反思、批判或质疑。今天中午，我和几个同事吃完饭、离开食堂，发现有一桌人在剥龙虾吃，我问："这龙虾哪来的啊？"她们说："当然是从家里带来的！（学校食堂怎么可能有嘛！）"我夸道："你们懂生活啊！"她们回以得意而礼貌的微笑。我转身对脸上带着"你认识她们吗"表情的同事说："我这是格物致知嘛，一事有一事之理。"随后，我意识到，"国学"已在我的意识、思绪之中，我在哪，她就在哪，或者说，她正在并一直指引着我、塑造着我，让我用一生的过程，去追问她何去何从。

### 课后延伸

在本讲的阐述中，我们已经提到了很多清代学人的著作，也选读了一二则。如果大家学有余力，找来读就是了，只是很无奈，这些学术著作几乎没有像我们在第三节这样的讲解乃至注释的版本，读起来较为艰涩。唯愿大家迎难而上，**学如逆水行舟，不进则退**。这句话有点像《了不起的盖茨比》的结语，但意在强调，如果你有志问学，唯有前行一途而已。

书后的话：

　　假如你通读至此，对于书中分享的观点、思路、方法或弦外之音，你最大的感触或收获是什么？

　　如果你细想你的心理（或思维）、言行乃至日常生活，你可感受到"国学"对你的影响？

　　在纷扰混乱的当下，科技如加速狂飙的脱轨列车，改变着我们的生活方式，你对此可会焦虑或担忧？AI会不会取代你？你之为"你"、无可替代的价值到底是什么？

　　本书翻过这页就结束了，这门课也不过三十二课时——我即将与你作别，我想对你说：如果你由此获得了独立思考的能力——对道德、情感、是非做出判断与抉择，如果你和我一样，坚信并践行"点燃蜡烛比诅咒黑暗更有意义"，那么我们就能改变这个世界——我们的一言一行无不在身边的人与事中"荡起涟漪"，我们就能让"明天会更好"不再是口号，而是使这句话走在路上。

冶洋谨上。